TRAVELKID Reisebericht

China

Steinhaufen

Mit meiner Tochter auf Abenteuerreise durch China

Patrice Kragten

Impressum

1. Auflage 2013
Neuauflage Januar 2017
© 2017 Travelkid - Patrice Kragten – Zell am See - Österreich

Text, Fotos, Umschlaggestaltung und Layout:
Patrice Kragten

Herstellung und Verlag:
BoD - Books on Demand, Norderstedt, Deutschland

ISBN 978-3-7431-0241-5
ISBN 978-3-7322-3871-2 – nicht mehr erhältlich

www.travelkid.at | info@travelkid.at

Jede Weiterverwendung und Vervielfältigung ist ohne die vorherige Genehmigung durch die Autorin und TRAVELKID.at nicht gestattet.

Das Papier wurde aus chlorfrei gebleichtem Zellstoff hergestellt.

Inhaltsverzeichnis

Vorwort	7
Karte China	8
Wackelzähne	9
Hutongs	16
Weltwunder	24
Eine undichte Jurte	30
Steinhaufen	37
Fotos	42
Wieder kein Essen	46
Imposante Bauwerke	53
Körperpflege	59
Tonfiguren	64
Noch eine Mauer	68
Tierische Kontraste	72
Shopping Paradies	80
Geisterfahrer	86
Fotos	93
Erhai See	94
Dubioses Labyrinth	101
Flusskonzert	104
Wasserpistole	112
Moondance	119
Drachenknochen	123

Beleuchtete Flöten	132
Hong Kong Island	136
Ein langer Weg	143
TRAVELKID *„abenteuerlich einfach"*	151
TRAVELKID Reisetipps	154
Wichtige Adressen	163
Meine anderen Bücher	165
Dankwort	175

Vorwort

Steinhaufen
Mit meiner Tochter auf Abenteuerreise durch China

Für TRAVELKID bin ich immer auf der Suche nach spannenden Ausflügen, fabelhaften Destinationen und besonderen Geheimtipps um die bestehenden Rundreisen zu erweitern und zu verbessern. Bei der ständigen Recherche bin ich auf einen touristischen Bericht gestoßen, in dem behauptet wurde, dass China ab 2015 die neueste Destination schlecht hin sein wird. Dann habe ich gewusst, China wird die neueste Destination und da möchte ich im Sommer 2012 hin.

China ist tatsächlich eine große Baustelle und ich war begeistert, dass China eigentlich schon sehr touristisch ist. Trotzdem haben wir kaum europäische Touristen gesehen. Im Moment ist China noch sehr authentisch, aber durch die bereits vorhandene Infrastruktur und die Konstruktion mit einem Reiseleiter ideal für Familien mit Kindern.

Genieße den Reisebericht und reise mit uns zu den unterschiedlichsten Weltkulturerben, dem traumhaften Karstgebirge, den bezaubernden Reisterrassen und erfahre, warum das Buch „Steinhaufen" heißen muss.

Patrice Kragten

Karte China

Wackelzähne

„Putze dir noch schnell die Zähne, dann fahren wir los", sage ich zu Romy, 5 Minuten bevor wir zum Flughafen fahren müssen. Aber dass das Reisen mit Kindern immer unerwartete Wendungen nimmt, muss ich auch heute, nach einem Schrei aus dem Badezimmer, wieder feststellen. Statt Richtung München zu fahren, eilen wir in Richtung Zahnarzt. Ein Wackelzahn hat sich beim Zähne putzen gelöst und hängt nur noch an einem Faden in Romy's Mund. Aber herausziehen darf ich ihre natürlich nicht! Vielleicht hat unsere Zahnärztin mehr Erfolg...

Am nächsten Morgen steige ich vor dem Bamboo Garden Hotel in Peking aus dem Taxi. Und Ja! Unser Wackelzahn ist auch mit dabei. Romy hat den ganzen Flug nichts gegessen und es geht ihr jetzt, nach 14 Stunden ohne Essen, wirklich schlecht. Sie hat sich das Beißen mit, sowie das Herausziehen vom Zahn einfach nicht getraut. Unser Zimmer ist noch nicht fertig. Inzwischen können wir im Restaurant frühstücken, es ist immerhin 8 Uhr morgens.

Gestärkt durch das herrliche Frühstück, wobei Romy zumindest etwas Reis gegessen hat, wird es Zeit für Kulturelles und wir möchten den Himmelstempel anschauen. Vom Hotel aus sind es nur 5 Gehminuten bis zur Hauptstraße. Dort angekommen habe ich keine Ahnung, ob ich nach rechts oder links gehen muss und biege gefühlsmäßig nach rechts ein. Es ist heute nebelig, bewölkt und trüb gleichzeitig. Ich bin mir gar nicht sicher ob dies der Smog ist oder ob die Trübheit einfach am Wetter liegt. Tausende Autos, die auf der Straße fahren, lassen eher das erste vermuten, aber gehen wir vom positiveren aus. Zwischen den vorbeifahrenden Autos suche ich nach einem Taxi oder Tuktuk, das uns zum Tempel fahren kann. Zum ersten Mal werde ich auf dem Gehsteig mit der enormen Anzahl an Chinesen konfrontiert. Und es sind viele, soviel ist sicher! Dann nähert sich ein komisches Fahrzeug und ich bin gleich von der erdrückenden Schönheit dieser fantastischen Blechdose beeindruckt. Ich hebe meine Hand hoch und ein freundlicher Chinese steigt aus. „Tempel of heaven", sage ich ihm freundlich und er zuckt mit den Achseln. Er versteht kein Wort English. Natürlich habe ich bei den Vorbereitungen der Rundreise gelesen, dass die Kommunikation mit den Chinesen teilweise sehr schwierig sein sollte. Nur geglaubt habe ich es natürlich nicht. Bis jetzt, weil er bei „Himmelstempel" und „tempel van de hemelse vrede" genauso mit den Achseln zuckt. Ich grabe den Lonely Planet aus meinem Rucksack aus. Hier stehen, ganz praktisch, alle Sehenswürdigkeiten mit der chinesischen Schrift erwähnt. Gottseidank kann er lesen - es gibt in China immerhin 116 Millionen Analphabeten - und versteht, wo wir hinfahren möchten. Die Fahrt mit der Blechdose ist ein Traum! Es ist eigentlich ein Motorrad, aber hinten ist ein Aufbau aus Blech geschweißt. Es ist nicht mehr als ein kleiner Schuppen mit einer kleinen 1-Personen Sitzbank, einer Türe und einem Fenster. Aber wir sind vor dem unglaublichen Gestank des Auspuffs halbwegs geschützt und lassen uns bequem durch die besondere Weltmetropole kutschieren.

Der Himmelstempel liegt im Süden Beijings in einem großen Park und die gesamte Anlage ist von einer kilometerlangen doppelten Mauer umgeben. In jede Himmelsrichtung gibt es ein Eingangstor, wir betreten das Gelände durch das südliche Tor. Mit einer Fläche von ca. 270 ha ist der Himmelstempel der größte Tempelkomplex Chinas. Sogar dreimal so groß wie die Fläche des Kaiserpalastes. Wir wandern zuerst an der Halle des Himmelgewölbes, oder Huangqiongyu, vorbei. Diese Halle ist eine knapp 20 Meter hohe runde Halle mit einem wunderschönen Dach aus dunkelblau glasierten Ziegeln. Die Halle ist von der Echo-Mauer umgeben, bei der man ein leise zur Wand gesprochenes Wort an jeder anderen Stelle von der Wand glasklar versteht. Wir haben die Funktionalität leider nicht geprüft, dafür war uns die Warteschlange einfach zu lange.

Der Qiniandian Tempel, am nördlichen Ende des Parks, ist nicht wirklich ein Ort, in dem Gläubige eine Opfergabe bringen. Früher wurde hier lediglich für eine gute Ernte gebeten. Das wichtigste Gebäude ist die Halle des Erntegebets, ein runder Tempel mit einer dreistufigen Marmorterrasse. Jede der drei Stufen ist von einem Geländer aus weißem Marmor umgeben. Beeindruckend ist, dass die ganze Halle ohne Stahlgestell oder Beton gebaut wurde. Sie besteht ausschließlich aus Holz. Die vier mittleren Säulen in der Halle, symbolisieren die vier Jahreszeiten. Im Kreis aufgestellt folgen zwölf Säulen, die die zwölf Monate symbolisieren, und weitere, ebenfalls im Kreis angeordnet, zwölf Säulen, die für die zwölf Tageszeiten stehen. Alle 24 Säulen zusammen stehen für die 24 Einschnitte des Solarjahres im traditionellen chinesischen Bauernkalender.

Bevor wir den Tempelkomplex betreten, suche ich zuerst ein Restaurant auf, in dem wir ein andermal etwas essen können. Durch die Zeitverschiebung kommt mir vor, dass ich etwas Kräftigeres brauche und Romy hat natürlich immer noch Hunger. Direkt neben dem Eingang befinden sich einige Souvenirläden und ein kleiner Imbiss. Ich habe Glück, dass man sich hier schon etwas auf den „westlichen" Tourismus eingestellt hat. Alle Speisen sind mittels eines Bildes in der Karte abgebildet und ich kann einfach ein „leckeres Bild" aussuchen. Das Bild mit Reis und Huhn schaut gut aus, dazu einen Cappuccino und für Romy Nasi Goreng und einen heißen Kakao. Romy kämpft immer noch mit ihrem Wackelzahn und isst jedes Reiskorn separat.... An der Theke findet sie Chips und einen Schokoladeriegel und spontan hat sie weniger Probleme beim Essen. Typisch! Aber Hauptsache sie kann wieder etwas Kräfte sammeln. Ich hingegen, nehme einen großen Bissen von dem Huhn und innerhalb von wenigen Sekunden stehen mein Mund, meine Zunge, die Speiseröhre und der Magen in Feuer und Flammen. Hilfe, ist das Zeug scharf!

Nicht nur das Essen, sondern auch die enormen Anzahl an Menschen, die sich in den Tempeln aufhalten, sind gewöhnungsbedürftig. Ich höre, dass es nicht nur Chinesen sind, die sich hier aufhalten. Jährlich besuchen viele Touristen aus asiatischen Ländern wie Taiwan, Japan, Thailand und Indien China. Natürlich sind allen gruppenweise unterwegs, in ständiger Begleitung eines Reiseführers. Mit gefärbten Fahnen, großem Lautsprecher und umgehängten Audio-Systemen versuchen die Führer ihre Anhänger zusammen zu halten und sie mit den wichtigsten Informationen zu versehen. Auch ich bin ständig damit beschäftigt Romy im Auge zu behalten. An sich nicht so schwierig, weil wir hier die einzigen zwei Europäer sind und leicht auffallen. Vielleicht ist es auch deswegen, aber wir sind teilweise eine wahre Sehenswürdigkeit! Vor allem Romy ist, mit ihren langen blonden Haaren, ein beliebtes Foto-Objekt. Und dabei ist es den Chinesen wirklich egal, Romy wird gefragt und ungefragt ständig fotografiert. Auch wenn sie genervt „Nein" sagt. Natürlich sind die Chinesen auch sehr damit beschäftigt, sich selbst zu fotografieren. Ein Bild mit Frau, eines mit Mann, noch eines mit den Kindern und noch eines mit der gesamten Gruppe. Unglaublich! Da wo ich minutenlang warte, ein Bild vom Himmelstempel ohne Horde Menschen darauf aufnehmen zu können, muss bei den Chinesen immer jemand auf dem Bild mit drauf sein. „Sonst glaubt niemand zu Hause, dass ich auch wirklich dort war", erklärt uns eine englischsprechende Chinesin. Genauso bewundernswert sind die Geräte, womit sie einander fotografieren. Kompakt-, Spiegelreflex- oder Systemkamera, sowie I-Phone und I-Pad. Es ist beeindruckend, womit die Chinesen unterwegs sind! Hypermodern.

Die Tempelanlage liegt in einem wunderschönen Park mit vielen Kieferbäumen, welche einen herrlichen Duft versprühen. An der rechten Seite befindet sich ein langer Korridor, unter dem die Chinesen sich mit Karten und Brettspielen beschäftigen. Es ist übrigens nicht nur eine Männersache, die Frauen sind vielleicht noch fanatischer bei der Sache, als die Männer. In China erreichst du das pensionsgerechte Alter bereits mit 55 Jahren. Noch frisch und jung vom Geist her, wird hier die Freizeit in einem beruhigenden Ambiente genossen.

Am Abend treffen wir uns mit Li Hong und Zhang Yan von meiner Agentur. Zhang hat die gesamte Rundreise für uns zusammengestellt und ihre Chefin Li hat uns zu einem gemeinsamen Abendessen eingeladen. Das Bamboo Garden Hotel hat ein gutes Restaurant, wie wir bereits beim Frühstück erfahren haben, und Li bestellt verschiedene Speisen zum Probieren. Etwas mit Gemüse, mit Huhn, gefüllte Teigtaschen, eine Suppe und natürlich Reis. Ich liebe die chinesische Küche, probiere alles aus und bin von dem fantastischen Geschmack begeistert. Romy schmeckt Nasi Goreng sehr gut. Es ist ein Gericht aus gebratenem Reis mit Gemüse und manchmal auch mit Huhn. Zhang schreibt uns den Namen des Gerichts in chinesischer Schrift auf ein Blatt Papier, damit wir es während der Rundreise in anderen Restaurants nur vorzeigen brauchen. Zur Sicherheit nehme ich noch ein Foto von ihrem Teller. Romy ist nicht unbedingt eine einfache

Esserin und ich bin froh, dass sie zumindest etwas gefunden hat, was ihr schmeckt und was sie mit ihrem Wackelzahn essen kann. Während dem Essen bemerke ich, dass die Essgewohnheiten schon etwas anders als bei uns sind. So bekomme ich logischerweise nur Stäbchen zum Essen. Der Löffel ist für die Suppe, die übrigens erst am Ende serviert und gegessen wird. Und du naschst mit deinen Stäbchen einfach von den Tellern, auf denen die Gerichte serviert werden. Und alle anderen naschen vom gleichen Teller mit. Ich finde es nicht unbedingt hygienisch, aber nicht nachdenken Patrice. Einfach nachmachen! Bevor wir uns von den zwei Damen verabschieden, gibt Li mir noch ihre Handynummer. Die werde ich während der Reise noch brauchen!

Hutongs

Am nächsten Tag wandere ich mit Romy zum Qianhai See, etwas nördlich von unserem Hotel. Ich möchte eine geführte Rikscha-Tour durch die Hutongs buchen. Die Hutongs sind enge Gassen, in denen du die traditionellen Wohnhöfe bewundern kannst. Heutzutage gibt es noch etwa dreitausend Wohnungen, aber auf Grund der Umgestaltung des Stadtzentrums zunehmend seltener. Während der Wanderung zum Startpunkt der Tour genießen wir das Ambiente des Sees, wo Fischer geduldig warten bis die Fische zubeißen, waghalsige Schwimmer im kalten Wasser tauchen und Jungverliebte ein Boot mieten um eine Runde über den See zu paddeln. Wasser hat immer eine magische Anziehungskraft, so auch hier in Peking. Am Ende der Promenade stehen viele Rikscha-Fahrer in einer langen Schlange bereit und warten geduldig auf ihre Fahrgäste. „Verhandeln ist nicht möglich. Es gibt nur einen Fixpreis", sagt der Kassier, wenn ich nach dem Preis frage. Für 180 Yuan pro Person bekommen wir einen freundlichen Fahrer, der erstaunlich gut Englisch spricht. Wir steigen in seine glänzend geputzte Rikscha und radeln zur Jinding Brücke. „Diese Brücke ist 500 Jahre alt und stammt aus der ... Dynasty", erzählt er. Damit er die Rikscha über die Brücke bringen kann, müssen wir kurz aussteigen und die Brücke zu Fuß überqueren. Inzwischen ärgere ich mich über die Geschichte der Chinesen. Jeder Kaiser war so ungefähr eine andere Dynastie angeordnet und ich blicke da überhaupt nicht durch! Es waren auch so viele. Ich kann es mir einfach nicht merken. Und, wenn ich ehrlich bin, interessieren die Dynastien mich auch nicht so besonders. Nach der Brücke springen wir wieder auf das Fahrrad und fahren am See entlang. Es ist immer noch recht nebelig, aber trotzdem fein warm. Wir sitzen gemütlich auf der Bank und schauen uns das Treiben der Chinesen wortlos an. Rechts und links entstehen neue Hutongs. Ich habe schon bemerkt, dass China eine große Baustelle ist. Überall wird gebaut und sind Häuser und Gebäude von Gerüsten umgeben. In diesem Stadtteil, in dem wir uns gerade befinden, entstehen neue Hutongs, die wieder im alten Stil neu gebaut werden. Sowie die Taxis in London. Leider ist es abzusehen, dass in einigen Jahren kaum noch originale Hutongs in Peking anzutreffen sein werden. Die Hutongs sind in der Qing-Dynastie entstanden - das habe ich mir dann schon gemerkt. Die Qing-Dynastie löste 1644 die Ming-Dynastie ab und endete 1911 mit der Gründung der Republik China. Als Beijing damals in Schutt und Asche gelegt wurde, entstand eine neue Stadt mit 2000 neuen Häusern, eben Hutongs - oder enge Gassen - genannt. „Ursprünglich bewohnte nur eine Familie ein Haus, heutzutage sind die Häuser so teuer geworden, dass sie von 4 bis zu 17 Familien geteilt werden", erzählt unser Führer noch.

Eine ruhige Fahrt ist es in jeden Fall nicht. Überall hupen Autos, rasen Mopedfahrer zwischen dem Verkehr durch und wandern Menschen mitten auf der Straße. Wir geraten immer tiefer in die kleinen Gassen, bis unser

Fahrer anhält. „Willst du ein Haus besuchen", fragt er. Natürlich mit einem touristischen Hintergedanken, aber für 20 Yuan = Euro 2,50 pro Person möchte ich schon eine Hutong von innen anschauen. Zuerst betreten wir einen offenen Platz, wo ein buntgefärbter Vogel anscheinend Gassi gehen darf. Er hängt in seinem Käfig quietschend im Garten zum Lüften. Es ist auch so typisch für die Boutique-Hotels; sie sind immer mit einem kleinen Patio mit Lampions und eben einem Vogelkäfig ausgestattet. Auch in den Parks siehst du öfters Vogelkäfige hängen, sowie gestern beim Himmelstempel.

„Ni Hao", klingt es hinter mir. Ein kleiner Herr begrüßt uns freundlich und lädt uns in sein Haus ein. „Ich bin Künstler", erzählt er, „und mache Bilder, wobei ich Figuren und Muster aus Papier ausschneide." Seine millimetergenaue Arbeit beeindruckt mich sehr. Die Kunstwerke sind in einem kleinen Raum, nicht größer als mein Schlafzimmer, ausgestellt und hier befindet sich auch sein Arbeitsplatz. Im Nebenraum, so groß wie mein Badezimmer, kann ich die Küche, das Wohnzimmer und das Schlafzimmer erkennen. Unglaublich! Es ist eindeutig, dass diese Menschen sich nicht viel Platz leisten können. Trotzdem macht die Familie einen glücklichen Eindruck.

Nach der Tour verabschieden wir uns vom Riksha-Fahrer und ich halte wieder eine Blechdose an. Jetzt möchte ich Romy die Verbotene Stadt zeigen. Es ist schon wieder sechzehn Jahre her, dass ich in China war. Damals habe ich eine Einladung von Swiss bekommen um im Januar fünf Tage nach Peking zu kommen und natürlich gerne angenommen. Ich erinnere mich eigentlich nur noch daran, dass es kalt war. Irrsinnig kalt! Jetzt bin ich neugierig, ob ich von damals noch etwas wiedererkennen kann.

Die fast 600 Jahre alte Stadt, eben Kaiserpalast oder Zijincheng genannt, liegt im Herzen von Peking am Ende des Tiananmen-Platzes. War dieser Platz während der Regierungszeit der Kaiser noch nicht für die Allgemeinheit zugänglich, so entwickelte er sich im 20. Jahrhundert zum Aufmarsch-Platz der Massen und zum Ort politischer Demonstrationen. Aus diesen Demonstrationen entstand die 4.-Mai-Bewegung, die lange Zeit Einfluss auf das chinesische Geistesleben ausüben konnte. Die Niederschlagung einer solchen Demonstration würde man in China am liebsten aus den Geschichtsbüchern verbannen. Im Frühsommer 1989 begannen Demonstrationen für Pressefreiheit und Demokratie und gegen die Korruption in der Partei, bei welcher Tausende von Studenten und Bürgern über Wochen den Tiananmen-Platz mit Zelten besetzten und tägliche Debatten und Reden führten. Um dem ganzen ein Ende zu setzen rückte in der Nacht vom 3. auf den 4. Juni 1989 die Armee in die Hauptstadt ein und räumte den Tiananmen-Platz mit Gewalt. Hierbei kamen Tausende Demonstranten ums Leben.

Etwas freundlicher ist es am Nordende des Platzes zugegangen. Die Verbotene Stadt ist eine der am besten erhaltenen antiken Baukomplexe der Welt und lockt auch heute Tausende von Besuchern an. Natürlich steht dieser Palast in der UNESCO-Liste des Weltkulturerbes, sowie so viele andere Sehenswürdigkeiten in China. Mit dem Bau der Verbotenen Stadt wurde 1406, nach der Verlegung der Hauptstadt von Nanjing nach Beijing vom dritten Ming-Kaiser Yongle, begonnen und schon 1420 abgeschlossen. Die nachfolgenden Kaiser bauten den Palast zwar noch etwas um, aber am Grundriss wurde nichts mehr verändert. Bis 1911 lebten und regierten hier, unter strenger Bewachung, 14 Ming-Kaiser und 10 Qing-Kaiser, während dem einfachen Volk der Zutritt und sogar die Annäherung verwehrt war, wodurch der Name „Verbotene Stadt" entstand. Dies änderte sich 1924, als die Tore auch für die „normale" Bevölkerung geöffnet wurden.

Der gesamte Komplex des Kaiserpalastes umfasst 890 Paläste mit 9.999,5 Räumen, wobei ein Raum als eine Fläche zwischen vier Säulen bezeichnet wird. Der Legende nach darf nur der Himmel einen Palast mit 10.000 Räumen besitzen, weswegen sich die „Söhne des Himmels" mit 9.999,5 zufrieden geben mussten.

Heute sind auch 9.999,5 Menschen unterwegs. Es ist hier beim Eingang ein Wahnsinn, sogar das Bundesheer ist heute unterwegs um die Massen in richtige Bahnen zu leiten. Ich halte Romy gut fest und, obwohl wir die Handys mithaben, bespreche ich mit ihr eine Strategie, falls wir einander verlieren. Zuerst stehen wir beim Ticketschalter natürlich Schlange und 20 Minuten später habe ich endlich zwei Tickets in der Hand. Romy ist größer als 1,20 Meter und muss den Erwachsenen-Preis von 60 Yuan bezahlen, nicht gerade wenig! Obwohl es immer noch wenig ist, habe ich mir die Preise in einem Drittweltland einfach anders vorgestellt.

An den Eingang kann ich mich nicht mehr so erinnern, aber als ich das erste Tor zum ersten Hof durchwandere, erkenne ich das Bild wieder. So auch die Brücke mit dem Wasser, damals war das Wasser gefroren und wir hätten Eislaufen gehen können. Jetzt möchte ich lieber im Wasser eintauchen. Der Himmel ist in der Zwischenzeit langsam blau geworden, es ist warm, eher schwül und wir könnten wohl eine Erfrischung gebrauchen.

Die Gebäude sind alle zugesperrt, du kannst nur daran vorbei wandern. Ich lenke Romy an den Massen vorbei, direkt an der rechten Seite bei den Gebäuden ist es wesentlich ruhiger. Jetzt, wo ich sie mal loslassen kann, versuche ich das Gelände zu fotografieren. Auf ein Bild ohne Leute habe ich keine Chance! Da rennt immer ein Kopf durch das Bild oder jemand streckt gerade seine Hand in der Luft. Die Herausforderung auf gute Bilder steigt. Dahingegen ist bei den Chinesen nicht der Palast das beliebteste Foto-Motiv, sondern Romy. Es nervt sie schon ziemlich, dass die Leute sie heimlich fotografieren. Als Gegenstrategie fotografiert sie einfach zurück. Ständig möchten andere Besucher mit ihr auf ein Foto, aber sie will nur mit anderen Kindern auf ein Bild. Und auch bei diesem Kompromiss ist sie ständig beim Posieren.

Wir betreten den zweiten Platz. Hier befindet sich das Tor der höchsten Harmonie. Wie üblich wird das Tor von zwei bronzenen Löwen, als Symbol der kaiserlichen Macht, bewacht. Jedes Detail, jedes Tier, jedes Motiv der Stadt hat eine Bedeutung. Über jedes Detail wurde nachgedacht und es ist einfach zu viel es hier aufzuschreiben. Langsam findet Romy den „Steinhaufen" etwas langweilig und sie ist von den vielen Menschen genervt. Auch ich habe genug gesehen und so fahren wir zum Hotel zurück.

Nach dem Mittagessen wandern wir nochmal zu den Hutongs. Die Atmosphäre dort hat uns so gut gefallen, außerdem haben wir eine kleine Shoppingstraße gesehen mit zahlreichen Souvenirläden. Da möchten wir rein schauen. Es ist gut ersichtlich, dass diese Straße erst vor kurzem eröffnet worden ist. Die Geschäfte schauen sehr neu aus und an manchen Läden wird sogar noch etwas gearbeitet. Auch das Pflaster der Wanderpromenade glänzt noch wie neu. Es gibt kleine Imbiss-Läden, ein Postamt, große und kleinere Geschäfte, in denen Kleidung verkauft wird und eben verschiedene Souvenirshops. Romy hat sich in niedliche Armreifen verliebt. Ich habe ihr für diese Reise 50 Euro Taschengeld gegeben. Dafür kann sie ihre eigenen Souvenirs aussuchen und Kleinigkeiten für ihre Freundinnen kaufen. Wenn das Geld aus ist, ist es eben aus. Man kann den Kindern nicht früh genug lernen, wie sie mit Geld umgehen sollen und es ist, glaube ich zumindest, ein Betrag womit sie etwas anfangen kann.

„Ich möchte Radfahren", sagt Romy plötzlich. Sie hat am Ende der Promenade einen Anbieter gesehen, bei dem wir Räder ausborgen können. Ich glaube, dass Holland die Nummer eins ist, wenn es um die Anzahl der Räder pro Kopf geht. Und China wird gleich darauf folgen. Es ist wirklich erstaunlich, wie viele Fahrradfahrer es hier gibt. Leider sind nicht überall separate Radwege vorhanden und heißt es aufpassen. Der Fahrrad-Verleih-Anbieter vermietet auch ein Tandem. Sicherlich eine vernünftigere Weise um uns durch Peking fortzubewegen. Für 20 Yuan, also weniger als 3 Euro, dürfen wir das Rad eine Stunde lang ausborgen. Ein Schnäppchen, würde ich sagen!

Weltwunder

Eine unglaublich dicke Nebelschicht hat sich in der Nacht über Peking gelegt. Die Stadt schaut dunkel, schmuddelig und sehr trostlos aus. Blöd, weil wir genau heute zur chinesischen Mauer fahren. Das traumhafte Foto mit blauem Himmel, saftig grüner Umgebung und strahlender Blicke kann ich vergessen. „Hallo, ich bin Bao", sagt unser Führer. „Ich bin eine Minderheit und komme aus der Mongolei", redet er weiter. Zuerst denke ich noch, ich höre nicht richtig, aber er hat sich doch wirklich so vorgestellt. Ich überlege, ob ich mich jemals als „Patrice, eine Minderheit aus Holland" vorstellen würde. Es hat etwas Abwertendes, sogar Herabwürdigendes. Mein erster Eindruck von Bao ist aber viel positiver. Er schaut gut gekleidet aus, hat sich frisch rasiert und schöne Zähne im Mund. Über seine Führerqualitäten kann ich noch nichts sagen, aber er gefällt mir.

Eigentlich sollten wir zuerst die Ming-Gräber besuchen. Ich wollte dann am späteren Nachmittag zur Mauer, damit ich den „Steinhaufen" in der Dämmerung fotografieren kann. Aber als wir Peking verlassen, kommt aus dem dicken Suppennebel auch noch Regen, viel Regen! Bao schlägt vor, gleich zur Mauer zu fahren. Ein guter Plan, wird sich später heraus stellen. Wir besuchen den Abschnitt Badaling. Eigentlich der meist touristische Teil der Mauer, aber hier habe ich die Sonne im Rücken. Nicht gerade unwichtig beim Fotografieren. Der Abschnitt Mutianyu ist sicherlich etwas ruhiger, aber hier muss ich mit Gegenlicht fotografieren und an einem Tag wie diesem ist das Licht sowieso eine Katastrophe! Wenn ich auch noch Gegenlicht habe, sind das zu viele Herausforderungen gleichzeitig. Außerdem schließt die Mauer in Mutianyu bereits um 16.00 Uhr. Zu früh also, deswegen fahren wir nach Badaling. Aber kurz vor dem Ziel folgt die totale Enttäuschung. Eine Wolke hängt genau über der Mauer, es regnet wahnsinnig und durch den Nebel sehen wir nicht einmal 50 Meter weit. Meine fotografische Kreativität wird heute stark beansprucht!

Die Chinesische Mauer ist eines der bedeutendsten Bauwerke Chinas und erstreckt sich vom Shanhaiguan Pass an der Ostküste Chinas bis zum Jiayuguan Pass in der Wüste Gobi. Mit einer Gesamtlänge von mehr als 6.200 Kilometer ist sie das größte von Menschenhand geschaffene Bauwerk der Welt. Die ersten mauerartigen Grenzwälle wurden ca. 500 v. Chr. aus Lehm, gemischt mit Reis und Stroh, hergestellt und das Ziel war damals sich besser vor den Mongolen zu schützen und den Handel entlang der Grenze besser beobachten zu können. Durch Rauchsignale, die von einem Turm zum anderen weitergegeben wurden, konnten Nachrichten über Feindbewegungen schnell in die Hauptstadt Peking übermittelt werden. Nur an Tagen wie diesem wäre Peking einer Katastrophe nahe gewesen.

Wir wandern gemütlich zum Eingang und zum ersten Mal sehe ich auch europäische Touristen. Wenn nicht hier, wo denn sonst? Etwas gerührt steige ich nach 16

Jahren wieder auf die Mauer. Sie bleibt etwas Besonderes und hat etwas Magisches. Außerdem habe ich große Bewunderung für die frühere Bauweise im Allgemeinen. Es hat doch etwas mystisches, dass solche Bauwerke, wie auch die Pyramiden von Gizeh in Ägypten oder der Sonnentempel Teotihuacán in Mexiko jahrelang überleben und du heutzutage immer noch dort hinauf klettern kannst.

Heute ist es fast unmöglich den nächsten Turm zu sehen. Obwohl es inzwischen aufgehört hat zu regnen, hängt der Nebel immer noch über der Mauer. Was ich schon sehen kann, ist, dass halb China, trotz schlechtem Wetter, auf der Mauer unterwegs ist. In Kolonnen wandern wir von Turm zu Turm und werden ständig fotografiert. Inzwischen versorgt Bao uns mit den wichtigsten Informationen über die Mauer. So erzählt er, dass einige Teile der Mauer in der Nähe von Touristenzentren restauriert wurde, aber viele große Abschnitte heute in schlechtem Zustand sind. „Teilweise wurden die Mauer von den Dorfbewohnern aus der Nähe als Steinquelle für Häuser und Straßen genutzt", erzählt Bao. Seit 2006 ist die Mauer geschützt und es ist verboten, sie als Steinbruch zu nutzen. „Die UNESCO erklärte die Chinesische Mauer 1987 zum Weltkulturerbe", erzählt Bao weiter, „und 2007 wurde die Chinesische Mauer von weltweit 70 Millionen Menschen im Rahmen einer Privatinitiative zu einem der neuen sieben Weltwunder gewählt." Darauf ist Bao sichtbar stolz.

Schon seit längerer Zeit wird behauptet, dass die Chinesische Mauer das einzige Bauwerk sei, das man mit bloßem Auge aus dem Weltraum sehen kann. Bei dieser Breite müsste man, meiner Meinung nach, auch jede bessere Landstraße aus dem Weltraum erkennen können. Bao bestätigt meine Vermutung, dass bisher noch kein Astronaut die Chinesische Mauer mit bloßem Auge erkennen können hat. Was man jedoch bei sehr guten Sichtverhältnissen aus großer Höhe sehen kann, ist der Schatten der Mauer, wenn die Sonne aus geeigneter Himmelsrichtung tief steht und die Mauer ein breites Schattenband erzeugt.

Inzwischen haben auch die heutigen Sichtverhältnisse sich wesentlich verbessert. Und erkenne ich da sogar einige Sonnenstrahlen? Jetzt muss es dann schnell gehen und ich renne wie eine Wahnsinnige mit Filtern und Stativ auf der Mauer herum. Doof eigentlich, man könnte das Ambiente auch einfach so genießen. Aber gut, China Reisen verkaufen wollen, ohne Foto von der Mauer, ist auch blöd. Romy ist wieder ein beliebtes Foto-Objekt, dieses Mal meines und als ich sie dann auch noch bitte, etwas zu posieren, ist sie ziemlich angefressen. „Gut, dann fotografiere ich dich nur von Hinten". Auch Bao verzweifelt langsam. Er möchte, wie es sich für einen professionellen Führer schickt, die ganze Geschichte über die Mauer erzählen, aber ich habe mir etwas Lustigeres überlegt. Ich habe die Kamera auf das Stativ gestellt. Ich möchte eine Timelapse (Zeitraffer) machen. Dabei nehme ich zirka 200 Bilder hintereinander, mit einem Zeitabstand von 10 Sekunden dazwischen. Diese Bilder programmiere ich zu Hause zu einem Film. Das schaut immer sehr lustig aus. Nach dem 8. Versuch glaube ich, dass ich es geschafft habe. Immer wieder ist eine Person in das Objektiv gelaufen oder hat die Aussicht unterbrochen.

Jetzt, wo das Wetter doch irgendwie mitspielt, wandern wir ganz nach oben zum höchst gelegenen Turm. Ich wundere mich über die zahlreichen Namenseinkerbungen verschiedener Touristen in den Steinen. Unfassbar, wie respektlos manche Leute mit solchen Bauwerken umgehen. Bis die Mauer irgendwann so zerstört wird, dass sie zugesperrt werden muss. Es ist nicht das erste Bauwerk, mit diesem Verlauf und sicherlich auch nicht das letzte.

Als wir mit dem Auto zu den Ming-Gräbern fahren, stürzt der Regen in unglaublichen Mengen vom Himmel. Habe ich da wirklich noch etwas Glück gehabt, auf der Mauer? „Wir werden zuerst Mittagessen", schlagt Bao vor. Das Restaurant befindet sich im ersten Stock und das nicht umsonst. Im Erdgeschoss befindet sich nämlich eine kleine Werkstatt. Das Restaurant ist auch hier nur Mittel zum Zweck, obwohl das Essen wieder fantastisch schmeckt. In der Werkstatt werden die typisch chinesischen Vasen und anderen Gestalten produziert. Auf die Vase werden Formen und Motive mit Blei-Streifen geschweißt. Dieser Art Zimmerchen, die dann auf der Vase entstehen, werden mit Farbe eingefärbt. So bekommen die Vasen ihre bunten Motive. Romy sammelt seit ihrer ersten Fernreise Schildkröten und hat inzwischen schon eine beeindruckende Sammlung zu Hause stehen. Bao erzählt, dass „Gui" der chinesische Name ist für Schildkröte und das Schildkröten Glück bringen. Ein Verkäufer bringt uns in der gigantischen Verkaufsabteilung zu einem großen Tisch. Hier stehen sicherlich 100 Schildkröten in allen möglichen Formen, Farben und Größen aufgestellt. Sie sind nicht gerade billig, aber dafür kauft Romy von ihrem Taschengeld dann echtes Handwerk und keinen Billigkram. Sie sucht sich eine blaue Schildkröte aus. Den Panzer kann sie abnehmen und darunter etwas verstecken. Eine Schildkröte mit Geheimfach sozusagen.

Als wir die Werkstatt verlassen, regnet es immer noch. Ich lasse die Ming-Gräber links liegen. Stattdessen machen wir es uns am Nachmittag in unserem Hotelzimmer gemütlich. Romy gönnt sich ein warmes Bad, ich mache mir einen heißen Cappuccino und muss dringend unsere Erlebnisse im Tagebuch nachtragen. Wenn ich nicht täglich die Erlebnisse aufschreibe, vergesse ich kleine Details und genau die möchte ich aufschreiben. Als die Sonne am späteren Nachmittag wieder zum Vorschein kommt, sagt Romy: „Bitte Mama, gehen wir wieder Radfahren?" Und so sitzen wir eine halbe Stunde später nochmals auf dem gelben Tandem und radeln aufs Neue durch die Hutongs.

Eine undichte Jurte

Wir verlassen Peking und, mit einer Stunde Verspätung, landen wir am nächsten Tag in Hohhot, Hauptstadt der Inneren Mongolei. Ich höre dich denken: Hohhot? Was machst du um Himmelswillen in Hohhot? Na ja, das ist so. Die Langstrecken-Flüge habe ich bereits Ende September gebucht, zehn krankhafte Monate im Voraus. Und ich war eigentlich schon zu spät, weil der direkte Flug von Hongkong nach München bereits ausgebucht war und die Flüge fast 300 Euro teurer waren als Anfang September. Jedenfalls habe ich den Reiseverlauf erst später geplant und dabei sind mir dann drei Tage „übrig geblieben". Natürlich hat Romy Mitspracherecht gehabt, wie wir diese Tage sinnvoll nützen können, aber die Wahl war nicht schwierig für sie. Drei Tage am Strand von Sanya gegen drei Tage Reiten. Wir waren beiden gleich von der zweiten Idee begeistert und deswegen stehen wir jetzt in Hohhot und warten auf unseren Führer.

Die Mongolei selbst ist natürlich das Pferdeland schlechthin. Und die Provinz Innere Mongolei, die noch zu China gehört, geht fast nahtlos ins gleiche Gebiet über, mit den dazugehörenden Bräuchen und Sitten. Und nicht nur die Pferde, sondern auch die traditionellen Jurten haben eine magische Anziehungskraft auf uns. Wir möchten in den nächsten Tagen die Kultur der mongolischen Nomaden kennenlernen.

„Hohhot wird auch die grüne Stadt genannt", sagt unser Führer Frank. Aber rechts und links der Straße sehe ich statt grün riesige Baustellen. Ich habe schon erwähnt, dass China eine große Baustelle ist. Es ist echt unfassbar was alles in kürzester Zeit aus dem Boden gestampft wird. Hier in Hohhot ist die 8-spurige Autobahn schon fertig und rechts neben der Autobahn entsteht ein Appartement-Komplex, sprich ein Gebäude mit sicherlich 20 Stockwerken und pro Stock nicht weniger als 20 Appartements. Und davon dann gleich fünf solche Gebäude neben einander. Welche 2000 Menschen werden hier in den nächsten Wochen einziehen? Wo wohnen diese Menschen jetzt? Wer kann sich hier so eine Wohnung leisten? Gibt es Arbeit für all diese Menschen? Es sind Fragen, auf die auch Frank keine Antwort hat. Grün wird es erst außerhalb der Stadt. Die Wiesen sind saftig grün und werden manchmal von den vielen Rapsblüten goldig gelb gefärbt. So weit das Auge reicht, kannst du nach rechts und links schauen. Und dann siehst du ... nichts! Eine fabelhafte Landschaft! Die Häuser werden weniger, die Straßen kurvenreicher, der Asphalt verschwindet und macht für Sand-, Schotter- und Schlammstraßen Platz. Das erste Jurte-Camp, das wir zu Gesicht bekommen, befindet sich an der rechten Straßenseite. Sicherlich vierzig Zelte stehen neben einander gereiht. Im Vordergrund sind die Pferde gesattelt und wie Wäsche an langen „Wäsche-Leinen" angehängt. Sie warten geduldig auf ihre Gäste. Am linken Horizont sehe ich einen großen Reiterzug. Du kannst hier sicherlich tagelang reiten, ohne jemandem zu begegnen! Und genau das haben wir vor! Nach einer Stunde gelangen wir endlich, nach einer langen holprigen Schotterstraße, zu unserer „Ranch". Einige Reisebusse stehen bereits vor dem Areal, daneben stehen fünfzig Jurten in Reihen neben einander aufgestellt, vor uns ein Restaurant mit Küche und Rezeption. Und überall Pferde. Manche sind gesattelt, manche nicht. Manche sind angehängt, manche eben nicht. Für die Mongolen ist die Beziehung zu den edlen Vierfüßlern sicherlich eine andere, als unsere. Sie sind für die Nomaden mehr ein Werkzeug, ein Gebrauchsgegenstand. Und so schauen die Pferde auch aus. Ob wir hier richtig sind...

Wir bekommen den Schlüssel von unserer Jurte. Nicht mehr als ein kleines Abus-Schloss versperrt den Zutritt. Die Jurte steht für eine Kultur der Mobilität. Zugleich ist sie Ausdruck des Zwangs, sich den natürlichen Kreisläufen anzupassen. Insofern lebt in ihr etwas Starres, Rituelles, Traditionelles. Ich sehe jedoch nicht mehr als einen Teppich auf dem Holzboden, zwei Betten mit Decken und Polstern, ein kleines Waschbecken, eine Toilette und ... einen megagroßen Fernseher! Sie ist unser gemütliches Zuhause für die nächsten Tage. Ich möchte mich bei Frank verabschieden aber „ich bleibe hier", sagt er und ich denke noch „wieso?" „Weil niemand hier englisch spricht", sagt Frank, als logische Erklärung für sein Bleiben. „Ach, das werde ich schon schaffen", denke ich noch, ganz naiv.

Romy möchte natürlich sofort zu den Pferden. Es fällt gleich auf, wie grantig die sind. Sobald wir in die Nähe kommen, legen die Pferde gleich die Ohren an, drehen sich um oder rennen weg. Aber mit etwas Geduld, werden manche Pferde neugierig und kommen vorsichtig schauen. Sie strecken interessiert die Nase nach vorne um an unseren Händen zu riechen. Mit sehr viel Geduld nähert sich Romy Tier für Tier. „Pass auf!", schreit plötzlich ein mongolischer Cowboy, „die Pferde schlagen aus!" Aber Pferde sind nicht von Natur aus aggressiv. Es sind Fluchttiere und sie werden somit eher die Flucht ergreifen, als ausschlagen. Nur wenn sie nicht flüchten können, ergreifen sie andere Maßnahmen. Der Cowboy ist jedoch anderer Meinung, kommt gleich zu uns und schlägt und tritt die Tiere von uns weg. Und uns dazu. Kein Wunder, dass die Tiere so launisch sind!

Vor dem Abendessen findet eine Show statt. Sicherlich hundert Chinesen, die hier auch eine Übernachtung gebucht haben, begeben sich auf die Wiese hinter dem Restaurant. Und wir zwei. Zwei Männer in der Gruppe fallen gleich auf. Musterrasierte Glatze, Militär-Look, Lederjacke. Es stellt sich heraus, dass sie zur Show dazu gehören. Sie zeigen zuerst einen Wettkampf vor, nichts anderes als eine einfache Runde im Renngalopp über die Wiese. Die zweite Vorführung ist ein „Mann gegen Mann" Kampf. Zwei Cowboys in traditionellem Kostüm mit Maske treten nach vorne und eben die zwei Jungs. Sie kämpfen gegeneinander. Ich verstehe nicht wirklich den Sinn der Vorführung, aber so schnell alles angefangen hat, so schnell ist die Show auch wieder vorbei, weil …

... die Glocke läutet, das Abendessen ist fertig. Im Restaurant sind große runde Tische aufgestellt, mit jeweils Platz für zehn Personen. In der Mitte stehen sieben verschiedene Gerichte bereits aufgetischt. Es gibt Brot, Reis, Nudeln, Gemüse und eine Suppe. Wir setzen uns zwischen die Chinesen und ich fühle mich wie Angelina Jolie. Bei jedem Handgriff wirst du von zweihundert Augen verfolgt, angeglotzt und angelächelt. Wir sind die einzigen Westlinge hier und sozusagen eine Sehenswürdigkeit. An das Fotografieren haben wir uns inzwischen schon gewöhnt, aber an das Anglotzen...

Die musikalische Begleitung nervt auch. Ein Mann spielt Synthesizer, auf dem er schreckliche Melodien produziert. Seine Stimme ist der absolute Wahnsinn. Verstehe mich nicht falsch, ich liebe Musik, auch von anderen Kulturen, aber es sollte schon noch nach irgendwas klingen. Inzwischen bekommen wir einen blauen Schal geschenkt. Eine Art Gebetsfahne, aber dann zum Umhängen. Es ist eine traditionelle Geste und heißt, dass wir willkommen sind. Die blaue Farbe steht für Glück und wir können das Glück gleich einlösen. Der Sänger hört nach 4 Liedern nämlich auf! Und... auch das Abendessen hört schlagartig auf. Nicht mal 15 Minuten nach der Glocke ist der Speisesaal wieder leer. Alle Gäste haben den Saal verlassen, die Speisenreste wie auf einem Schlachtfeld auf den Tischen hinterlassen. Andere Länder, andere Bräuche!

Draußen verkauft eine Dame Nüsse und getrocknete Früchte. Manche Nüsse schauen wie Bohnen aus. Die möchte ich als Souvenir mitnehmen. Die fünf schönsten Nüsse nehme ich aus der Schüssel raus und frage, wie viel die kosten. Aber ich habe keine Chance klar zu machen, was ich will. Die Dame schüttelt dauernd den Kopf. Ich zeige ihr 10 Yuan. Jetzt muss es doch klar sein, dass ich die Nüsse kaufen möchte. „Wo ist Frank eigentlich?", denke ich noch. Aber Frank ist unauffindbar. Ein junger Mann mit perfekter englischer Sprache meldet sich zu Wort. Inzwischen haben sich zahlreiche Menschen rundum den Nussstand versammelt und flüstern miteinander. „Diese Nüsse darfst du nicht kaufen", sagt der Mann. „Die Nüsse musst du in Alkohol eintauchen und essen, aber Frauen dürfen dies nicht essen", erzählt er weiter. Endlich, da ist Frank. Alle haben schon gewusst, dass er zu uns gehört und irgendjemand wird ihn wohl gewarnt haben. Manchmal ist „die Bekanntheit" auch praktisch. Ich erkläre Frank, dass ich die Nüsse nur als Souvenir mitnehmen möchte und erst, als ich heilig verspreche, die Nüsse niemals in Alkohol einzutauchen, darf ich die Nüsse mitnehmen. „10 Yuan", sagt die Dame dann. „Das ist viel zu viel", gibt Frank zurück. Aber weil sie kein Wechselgeld dabei hat, darf ich für 10 Yuan auf einmal noch drei andere Nusssorten aussuchen und stecke insgesamt 15 Nüsse ein. Deal!

Wir nehmen noch schnell eine Thermosflasche warmes Wasser mit zu unserer Jurte. Warmes Wasser bekommst du fast überall und gelegentlich gratis. Außerdem geht jede Person hier mit einer Thermosflasche in der Hand. Gerade rechtzeitig öffne ich das Abus-Schloss, als ein gigantischer Regenschauer über das Minidorf zieht.

Innerhalb kürzester Zeit ist der Boden von unserer Jurte klitschnass. Ich muss das Gepäck vom Boden heben und am Fernsehtisch sicher stellen. Beim Fenster läuft das Wasser nämlich direkt ins Zelt herein, auch das Dach hat mehrere Löcher. Nein, ein 4-Sterne Hotel ist es hier nicht!

Steinhaufen

In der Nacht sind mehrere Gewitter- und Regenfronten über das Zeltlager gezogen und das macht sich am Boden unserer Jurte bemerkbar. Beim Fenster und der Tür ist der Boden klitschnass geworden. Gottseidank habe ich das Gepäck gestern Abend noch hoch gestellt! Romy kann es kaum erwarten, sie möchte zu den Pferden. Aber zuerst sollten wir etwas essen. Das Frühstück ist, wie soll ich es sagen, sehr abenteuerlich! Eigentlich nicht zum Essen, aber mit einem Säckchen löslichem Kaffee, einen Cup-a-Soup, einigen Maoams und einer Stange Kekse haben wir doch etwas Verdauliches im Magen.

Im Vorfeld ist uns erzählt worden, dass wie für 20 Euro den ganzen Tag ein Pferd mieten können. Frank erklärt jetzt, dass die Stunde gute 360 Yuan, also knappe 45 Euro pro Person, kostet. Damit habe ich nicht gerechnet! Von zwei Tagen reiten müssen wir jetzt auf „nur" 3 Stunden umdisponieren. Ich habe nämlich nicht mehr Geld dabei und einen Bankomaten gibt es hier weit und breit nicht. Das ist schon eine Enttäuschung, aber jetzt, wo wir schon hier sind, machen wir einfach das Beste daraus. Bao Ling, der Kämpfer mit Glatze von der gestrigen Show, gibt uns zwei kleine braune Ponys. Viel Lust zur Tour hat er anscheinend nicht, weil er ziemlich grob zu unseren Pferden ist und grantig auf sein eigenes Pferd steigt. „Ich habe Angst vor Pferden", sagt Frank, „ich folge euch zu

Fuß". Gut, dann kann er vielleicht einige Fotos machen. Dazu gebe ich ihm die Kamera in die Hand, gebe noch schnell einige Hinweise und konzentriere mich dann auf die Pferde. Der Himmel ist zum ersten Mal strahlend blau, es ist herrlich warm, die Umgebung traumhaft schön. So ausgestreckt, so dünnbesiedelt, einfach fantastisch! Die Pferde sind etwas gewöhnungsbedürftig. Romy's Pferd ist ziemlich brav, schlägt aber ständig nach meinem Pferd aus. Ich muss gut aufpassen, dass sich nicht gerade mein Fuß oder noch schlimmer, mein Schienbein dazwischen befindet. Mein Pferd hat ganz andere Vorstellungen von dieser Reittour und dreht sich dauernd um. Boa Ling war schon grantig und ist jetzt über diesen Vorgang ziemlich verärgert. Daraufhin hängt er unsere Pferde an seinem Sattel an und will ziemlich Gas geben. Dann haben die Pferde weniger Gelegenheit sich zu streiten. Immer wieder trabt er an, am liebsten möchte er ständig galoppieren. Aber mit unseren Pferden im Schlepptau, bremsen wir sein Pferd sozusagen. Letztendlich bitte ich ihn im Schritt zu gehen. Diese Hektik mag ich nicht! Wir möchten die Umgebung genießen und nicht wie Verrückte hier durchgaloppieren! Nach einer gemütlicheren halben Stunde erreichen wir einen mongolischen Stupa, Aobao genannt. Der Aobao war ursprünglich ein Grabdenkmal, gebaut über die Asche eines berühmten Mönchs. In Laufe der Zeit wurde der Stupa zu einem Symbol der Buddha-Lehre. Es ist nicht so erstaunlich, dass sich die Reliquienschreine hier in der „fast" Mongolei stark von denen im übrigen Asien unterscheiden. Dazu haben sowohl die begrenzten Materialvorkommen als auch der veränderte Symbolgehalt beigetragen. Frank ist gerade rennend eingetroffen und erzählt uns, dass der Aobao hier im Gelände eher ein Hinweisschild ist. Als zwei Bauern sich treffen wollten, haben sie sich etwas in der Form von „wir treffen uns beim dritten Aobao nach der XY-Farm" ausgemacht. Der Aobao vor uns ist mit den typischen Gebetsfahnen, die wir von Tibet kennen, geschmückt. Auch zahlreiche blaue Schals, wie wir sie gestern Abend geschenkt bekommen haben, flattern hier an Leinen im Wind. Boa Ling hält die Pferde fest und Frank nimmt uns zum Aobao mit. „Jetzt müsst ihr drei Mal, im Uhrzeigersinn rundum den Aobao gehen", sagt Frank. Die Zahl Drei ist im Buddhismus eine wichtige Zahl und steht für Vergangenheit, Gegenwart und Zukunft. Sie bringt Glück und sollte zugleich den Geist des Verstorbenen gut stimmen. Hoffentlich ist Bao Ling jetzt auch etwas besser gestimmt.

Die nächste Haltestelle der Reittour ist ein traditioneller Bauernhof. Hier werden Kühe gezüchtet und Ziegen gehalten. In der Jurte werden wir von der Bäuerin recht herzlich mit einem großen Becher Ziegenmilch begrüßt. Jetzt mag ich Molkerei-Produkte gerne, aber Ziegenmilch... Ich habe Glück, dass die Bäuerin in einer Ecke Gegenstände aus Rinderhaut verkauft. So kann ich mich von der Milch ablenken und schaue total interessiert bei den Schlüsselanhängern. Natürlich hängt hier ein „Gui", eine Schildkröte, die unbedingt zu Romy's Sammlung hinzugefügt gehört und ich nehme die Giraffe, das Maskottchen von TRAVELKID, mit. Nach genau einer

Stunde liefert Bao Ling uns wieder pünktlich beim Camp ab und hier steht das Mittagessen schon bereit. Wieder Reis, Nudeln, Brot, Gemüse und eine Suppe. Obwohl das Brot echt lecker ausschaut, schmeckt es ekelhaft. Genau so geht es uns bei den Spaghetti. Das Gemüse geht einigermaßen, aber die schlimmste Überraschung kommt bei der Suppe. Sie schaut gar nicht so schlecht aus, aber als ich einen großen Löffel in den Mund nehme, habe ich das reinste Öl im Mund. Igitt, und spucke es gleich wieder aus. Hilfe, wie grausig! Der Chauffeur hat uns heute früh eine Wassermelone besorgt. Eine perfekte Abwechslung zu Keksen und Maoams und etwas, das endlich mal „normal" schmeckt. Wenn ich gewusst hätte, dass das Essen in der Mongolei so schrecklich ist, hätte ich noch etwas „Brauchbares" zum Essen mitgenommen.

Direkt beim Camp befindet sich, oben auf einem Hügel, noch ein Aobao. Wir wandern nach dem Mittagessen gemütlich hin. „Schon wieder ein Steinhaufen", sagt Romy plötzlich, als wir uns dem Aobao nähern. Dieser Aobao ist aus Steinen gebaut und weil Romy inzwischen manche Gebäude als „Steinhaufen" bezeichnet, glaube ich bereits den Titel für das Buch, und das dazu gehörende Foto, gefunden zu haben. Als Dankeschön für den Geistesblitz danke ich dem Aobao und stecke 20 Yuan in die Spenden-Box. Ich mache noch einige lustige Fotos. Du kennst sie schon. Du fotografierst jemand, die viel weiter vorne steht und eine Hand aufhält. Es schaut dann so aus, ob diese Person das Objekt, welches sich weiter hinten befindet, dann oben auf der Hand trägt.

Und so hat Romy den Aobao in der Hand, versucht ihn wegzuschieben und lehnt sich dagegen.

Geführte Radtour durch die Hutongs in Beijing

Auf der Chinesischen Mauer

Übernachten in der Jurte

Reittour Hohhot, Innere Mongolei

Das hängende Kloster in Datong

Eine von 15.000 Buddha Statuen in der Yungang Höhlen

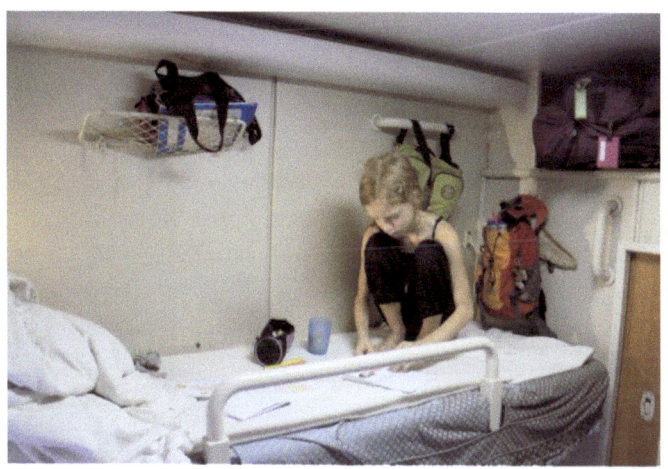

Übernachtung in der Softsleeper Klasse

Terracotta Armee in Xi'an

Wieder kein Essen

Wir wollten gestern am Nachmittag noch eine Stunde reiten, aber es hat seit dem Mittagessen fast dauerhaft geregnet. In unserer Jurte stinkt es unglaublich, echt gesund wird es drinnen nicht sein und Schimmel werden sich hier sicherlich sehr wohl fühlen. Die Türe war den ganzen Nachmittag zum Lüften geöffnet und am Abend haben wir dann eine Großkolonie Fliegen im Zelt gehabt. Trotzdem haben wir auf den steinharten Betten gut geschlafen. Jetzt steht die Sonne wieder am Himmel und wir bekommen zwei neue Pferde und einen anderen Führer, der dieses Mal namenlos bleibt, zugewiesen. Dieser Führer hat deutlich mehr Lust eine Runde mit uns zu reiten und Frank folgt wieder zu Fuß. Wir nehmen eine andere Route als gestern, quer durch die ausgestreckte hügelartige Landschaft. Die Landschaft ist grün, aber karg. Das Gras steht nicht mal fünf Zentimeter hoch, als ob hunderttausende Quadratmeter kürzlich gemäht worden sind. In der Ferne sehen wir noch ein anderes Jurte-Camp, sonst ist weit und breit nichts zu sehen. Mein Pferd übernimmt die Führung und ich kann Romy mitsamt Pferd hinter mir an der Leine nehmen. Es ist eigentlich nicht unbedingt notwendig, sie an der Leine zu nehmen, aber sicher ist sicher. Unsere heutigen Pferde sind sehr brav, besser als die von gestern, wir können manchmal in einem ruhigen Tempo traben und sogar etwas galoppieren. Frank hat bereits einige tolle Fotos geschossen, jetzt ist er ein kleiner Nadelkopf am Horizont geworden. Beim hinterher nach Rennen wird ihm wohl die Luft ausgegangen sein. Auch diese Tour bringt uns zu einem Aobao. Prominent oben auf dem Hügel gelegen, haben wir ihn schon aus der Ferne entdeckt. Wieder drehen wir drei Runden, zweigen Glück und Erfolg ab und reiten dann gemütlich zurück. Wir holen Frank wieder ein. Er hat in einer Wiese neben dem Pfad riesengroße silberfärbige Schwammerl gefunden und pflückt fleißig. „Mein Abendessen", lächelt er. Hoffentlich lädt er mich nicht zum Abendessen ein! Kurz bevor wir zum Camp zurückkehren, schreit Romy plötzlich hinter mir. „Mama, Mama, ich bin zum ersten Mal gesprungen", jubelt sie laut. Der Reiterpfad hat viele Pfützen vom Dauerregen und da, wo mein Pferd einfach durch die Pfützen gewandert ist, ist ihr Pferd darüber gesprungen. Sie ist komplett aus dem Häuschen und grinst von Ohr zu Ohr. Auch der namenlose Führer grinst. Er wird eine Vermutung haben, worum es geht.

Zwei Stunden später sitzen wir gemütlich in Hohhot im gehobenen Restaurant mit roter Plüsche-Bank, Wasserfall-Wand und eingeschaltetem Fernseher. Wir haben die letzten Tage nicht mehr als Cup-a-Soup, Wassermelone, Kekse und Maoams gegessen und können wohl etwas Kräftigeres gebrauchen. Romy bestellt eine Pizza, die sie komplett verschlingt. Ich nehme Fisch in Süßsauer-Soße und esse fast die Finger dabei auf, so gut schmeckt alles! Gestärkt wandern wir durch Hohhot und suchen einen Supermarkt auf. Heute Abend fahren wir mit dem Zug nach Datong und wir brauchen etwas zum Abendessen.

Außerdem möchte ich die Vorräte Notration wieder aufstocken, weil wir sie in Xilamuren doch ziemlich beansprucht haben. Mein Blick fällt jedoch auf etwas ganz anderes. Entlang der Straße verkauft ein Mann komische ... ja, was sind es eigentlich. Es schaut wie ein Holzstab aus, den ich vom Eis kenne, aber schmäler und kürzer. Ein Ende ist jedoch gebogen, am anderen Ende hängt ein Glückspüppchen an einer fröhlich gefärbten Schnur. „Ohrputzer", sagt Frank. „Igitt", denke ich und lass die Dinger hängen. Im Nachhinein ärgere ich mich, dass ich sowas nicht mitgenommen habe. Das wär doch ein witziges Souvenir gewesen!

Der Supermarkt ist gigantisch! Wir decken uns um knappe 10 Euro mit Obst, Chips, Keksen, Brot, Joghurt und Getränken ein. Bis der Zug abfährt, dauert es noch 4 Stunden. Frank hat jedoch eine Idee, wo wir in der Zwischenzeit hingehen könnten. Wir wandern durch die Stadt, Mercedes und Pferdekutsche wechseln einander ab, Hochhäuser und Baracke genauso. Der größte Kontrast sind immer noch die streunenden Hunde, bettelnden Behinderten und die neuesten I-Phones und I-Pads, die jeder immer dabei hat. Geld haben die Menschen anscheinend keines, aber Utensilien...

Wir kommen zu einem großen Platz mitten in der Stadt. Am Rand des Platzes liegen schöne Grünflächen mit Bäumen, Sitzbänken und Lautsprechern. Aber das Spektakulärste ist der Platz selber. Aus den Lautsprechern klingt ohrenbetäubend laute Musik und im gleichen Rhythmus spritzen Wasserfontänen aus dem Boden herauf. Manchmal etwas höher, etwas kräftiger, dann wieder etwas leise. Genauso wie die Musik es vorgibt. Unter dem Platz befindet sich ein riesiges Auffangbecken, das Wasser gelangt durch Schlitze im Boden wieder hier hinein, bis es wieder nach oben gespritzt wird. Die chinesischen Kinder springen, rennen und toben durch die Wasserfontäne durch, aber auch die Erwachsenen haben so ihren Spaß. Es ist lustig, den Menschen zuzuschauen. Romy will zuerst nicht zum Wasser hin, später ist sie klitschnass und hat großen Spaß mit den Fontänen. Ich spiele inzwischen mit der Kamera herum und mache wieder eine Timelapse. Nach einer Stunde ist die „Vorstellung" vorbei und wir haben uns ein Eis verdient. Gleich gegenüber dem Bahnhof gibt es eine Eisdiele und wir genießen ein herrliches Softeis, dann ist es Zeit zu gehen. Auf dem Bahnhof ist ein Kommen und Gehen. Wir passieren zuerst die Sicherheitskontrolle. Das Gepäck wird durchleuchtet und auch Frank muss sich eine Bahnkarte besorgen, damit er uns beim richtigen Zug abliefern kann. In der Wartehalle ist es natürlich übervoll. Wie hätte ich es sonst in China erwartet? Wir lassen einige Sitzplätze von Taschen befreien, damit wir sitzen können. Dann dauert es noch eine Stunde, bis der Zug abfährt. Wir töten die Zeit mit Rätsel lösen bis irgendwann eine Stimme durch das Mikrofon schreit. Wie beim Bundesheer erheben sich 70 Prozent der Anwesenden gleichzeitig. Frank winkt uns, auch wir sollen kommen. Die Masse setzt sich in Bewegung und jeder versucht irgendwie als erstes zum Zug zu gelangen. Ich muss Romy im Chaos gut im Auge behalten, während ich mich wundere, ob all diese Leute im Zug überhaupt Platz haben? Wir haben reservierte Plätze, somit können wir es etwas ruhiger angehen. Am Gleis stehen Sicherheitskräfte um das Chaos einzudämmen und es geht tatsächlich etwas disziplinierter zu. Die chinesischen Nummern am Boden korrespondieren mit der Abteilnummer und wir formen brav eine Schlange hinter Nummer 10. Als der Zug einfährt und langsam zum Stillstand kommt, ist von der Disziplin nichts mehr übrig. Die Sicherheitskräfte haben keine Chance gegen diese Menschenmenge etwas zu unternehmen. Jeder versucht wieder als erstes in den Zug zu kommen und dabei geht es echt wild zu. Frank sagt, dass wir einfach als letztes einsteigen sollen und wir lassen die streitenden und kämpfenden Menschen vorgehen. Als der letzte Kampfhahn eingestiegen ist, steigen auch wir in den Zug. Frank hilft mir noch kurz mit dem Gepäck und sagt dann: „Ich darf nicht weiter mitgehen, aber ich hätte gerne mein Trinkgeld." Fassungslos schaue ich ihn an. Ist das sein Ernst? In diesem Wirbel fragt er nach Geld?! Im Reiseführer steht überall, dass Trinkgeld nicht üblich ist in China. Aber gut. Schnell hole ich meine letzten 40 Yuan aus der Brieftasche. Weil das Reiten viel teurer war, als erwartet, habe ich einfach nicht mehr Geld dabei und ich habe noch keine Gelegenheit gehabt, neues zu besorgen. Na ja, in meiner Geldbörse stecken noch 100 Yuan, aber die möchte ich in Reserve behalten. Er nimmt das Geld, springt aus dem Zug und weg ist er…

Wir bahnen uns einen Weg durch das Abteil auf der Suche nach unserem Bett. Obwohl der Zug um 23.00 Uhr in Datong ankommt, habe ich für uns ein bequemes Bett reserviert. Es gibt im Zug ein Hard- und ein Softsleeper-Abteil. Wir befinden uns jetzt im Hardsleeper-Abteil. Es sagt übrigens nichts über die Härte der Betten. Die sind in ganz China steinhart! Nein, das Hardsleeper-Abteil ist ein offenes Abteil, in dem sich jeweils sechs Betten befinden. Und wir suchen jetzt Bett Nummer 17 und 18. Während der Zug langsam aus dem Bahnhof rollt, kämpfen wir uns samt Gepäck durch die Menschenmassen langsam nach vorne. Nicht gerade einfach, weil die Menschen sich großteils stehend im Gang aufhalten und der Gang genau Kofferbreit ist. Ich sehe auch, dass sich teilweise 4 bis 5 Personen auf jedem Bett hingesetzt haben. Und auch Bett 17 ist reichlich belegt. In Bett 18 hat es sich sogar jemand zum Schlafen bequem gemacht. Oder sie tut einfach so, kann auch sein. Der Schaffner, der gerade vorbei kommt, kennt aber keine Gnade und kommandiert die gesamte Truppe von Bett 17 und 18 hinaus. Wir sind die einzigen Europäer im Abteil und die einzigen, die so viel Platz haben! Ich lege die Koffer jeweils ans Fußende vom Bett und wir machen es uns auf den Betten bequem. Pfff... geschafft. Lustig an diesem Abteil ist, der Kontakt zu den Chinesen. Mit Händen und Füßen versuchen wir die einfachsten Fragen wie „where are you from" und „where are you going to" zu beantworten. Obwohl die Frage fast akzentlos in der englischen Sprache gestellt wird, sind unsere Zugfreunde mit der Antwort oder eine Gegenfrage maßlos überfordert. Am lustigsten war die Dame, die den sitzenden

Buddha aus den Yungang Höhlen von Datong vorzeigt. Damit war uns beiden klar, wo wir hinfahren.

„Mama, hast du für mich etwas zum Essen?", fragt Romy. „Natürlich Schatz, eine Tasche voll!" Aber… „Wo ist die Tasche Romy? Liegt sie oben bei dir?" „Nein, hier ist die Tasche nicht", sagt sie. Bei mir ist die Tasche auch nicht. Oh Hilfe, wo ist die Tasche? Ich denke noch einmal gut nach und dann. „Oh Romy, die Tasche wird bei Frank am Rücken hängen! Ich glaube, dass er die Tasche noch hat." Gottseidank habe ich die 100 Yuan noch, weil wir uns so beim Zugverkäufer in jedem Fall etwas zum Essen und Trinken kaufen können. Noch keine 5 Minuten später läutet das Telefon. „Hello, here is Frank. I still have your bag." Na ja, das haben wir schon bemerkt. An sich ist nichts Wichtiges im Rucksack drinnen. Nur die Erste Hilfe und der Polarisationsfilter, aber ich möchte den Rucksack schon zurück haben. Frank verspricht, dass er mit dem nächsten Zug nach Datong kommt und uns die Tasche übergeben wird. Blöderweise kommt der nächste Zug erst um halb 4 nachts an…

Imposante Bauwerke

Am nächsten Morgen werde ich von unserem neuen Reiseleiter Chen, mit meinem Rucksack schon in der Hand, herzlich begrüßt. Frank hat ihn tatsächlich in der Nacht bei der Rezeption abgegeben. Heute bringt Chen uns zum hängenden Kloster, etwas außerhalb von Datong. Bei der Planung der Rundreise habe ich lange überlegt, ob ich, wie alle anderen Reiseveranstalter, nach Pingyao fahren soll. Oder etwas eigensinnig, doch Datong im Programm aufnehmen werde. Laut Lonely Planet wirst du in Pingyao innerhalb der Stadtmauer alles vorfinden, was Reisende von China erwarten. Stadtmauer, schmale Gassen, alte Läden, traditionelle Bauten und freundliche Menschen. Datong, dahingegen, hat einige UNESCO Kulturschätze: die Yungang Grotten, die älteste Holzpagode der Welt und eben das hängende Kloster. Als ich dann die Fotos in Internet gesehen habe, wollte ich unbedingt dort hin, weil wer um Himmelswillen, baut ein Kloster hängend an den Felsen?

Als wir eine Fahrstunde außerhalb von Datong bei Heng Shan, einem der fünf heiligen chinesischen Berge, ankommen, ist wieder einige los. Ich gewöhne mich langsam an die Überzahl der Touristen, die überall unterwegs sind. Und es ist wirklich spektakulär, wie das Kloster hier wortwörtlich an der Bergwand „pickt". Die langen Stützpfeiler, auf denen es ruht, schauen aus der Ferne wie schmale Zahnstocher aus. Chen erzählt, dass früher ein Pilgerweg hierher geführt hat. Der Fluss aber, der unten vorbei geht, hat in der Regenzeit für große Überflutungen gesorgt. Eine logische Erklärung, warum das Kloster also höher gelegen sein musste. Jedoch unerklärlich, für mich zumindest, ist, warum das Kloster an dieser Seite des Berges gebaut wurde. Denn, obwohl die Sonne auf das Kloster scheint, ist das Bauwerk an der östlichen Wand gebaut worden. Nur knappe vier Stunden am Vormittag wird das Bauwerk durch die Sonne aufgeheizt. Und wenn du weißt, dass dieses Gebiet hier in der Provinz Shanxi eine Durchschnittstemperatur von 5,5 °C hat und im Winter Temperaturen von -20 °C entstehen können, für mich nicht direkt der logischste Ort um im Winter hin zu pilgern!

Wieder haben wir mit der Sonne etwas Glück. Es hat während der Hinfahrt leicht geregnet, aber jetzt kommen einige zarte Sonnenstrahlen durch die Wolkendecke und sie geben den Fotos doch etwas mehr Glanz. Gemütlich wandern wir zum Kloster hinauf. Es besteht aus 40 winzigen Hallen und Pavillons und wurde entlang den Konturen der Steilwand gebaut, wobei man sich natürlicher Aushöhlungen und Vorsprünge zur Abstützung bediente. Beim Betreten des Bauwerks haben nicht nur der eine oder andere Chinese, sondern auch wir so unsere Bedenkungen. Chen erzählt, dass die Stützbalken sich zu zwei Drittel in der Wand befinden. Ein Drittel steht raus und diese Enden werden eben von den „Zahnstochern" gestützt. Auf diesen Balken liegen Querbalken, auf dem wir jetzt gehen. Alles kracht und quietscht, aber es hält – logisch - und ich bin begeistert.

Das Kloster ist wieder einmal ein Unikum für die chinesische Bauweise, wofür sie natürlich weltweit sehr bekannt ist. Dazu kommt, dass das Kloster schon seit dem 6. Jahrhundert so hängt. Es wäre wohl ein Wunder, wenn das Bauwerk genau jetzt, wenn ich es betrete, abstürzt. Die Tempelhallen sind durch schmale Gänge und wackelige Wanderstege miteinander verbunden. Als Schutz und um die bösen Geister zu vertreiben, sind oben auf dem Dach grüne Drachen angebracht. Das Glanzstück dieses Bauwerks befindet sich in einer kleinen Tempelhalle. Sie ist mit sechs Figuren aus der buddhistischen Zeit ausgestattet. Nach einer Stunde verlassen wir beeindruckt das Kloster.

Ein kleines chinesisches Mädchen, ich schätze sie auf 5 Jahre, möchte mit Romy auf ein Foto. Es nervt schon ziemlich, dass jeder uns heimlich fotografiert. Teilweise geht es aber überhaupt nicht heimlich, sondern sehr brutal. Dann stellt sich jemand direkt vor mich und drückt einfach ab! Aber dieses Mädchen fragt ganz höflich und Romy stimmt zu. Die Mutter des Mädchens entfaltet sich gleich wie eine Profi-Fotografin. Sie platziert das Mädchen vor einer Wand, stellt Romy daneben, legt deren Arm um das Mädchen, wischt die Haare aus den Gesichtern, biegt die Köpfe noch etwas zu einander. „Nein, nicht nach unten schauen Mädels". Kinn hoch und jetzt noch Lächeln. Whow! Als ob zwei Topmodels fotografiert werden. „Xièxie ni", sagt das Mädchen freundlich, was „Danke" bedeutet und wir „xièxie ni-en" höflich zurück.

Direkt neben dem Parkplatz befinden sich drei kleinere Marktstände, bei denen wir natürlich etwas herum kramen. Nicht nur mein Wohnzimmer ist ein kleines Museum mit Souvenirs aus aller Welt. Auch Romy ihr Schlafzimmer ist inzwischen voller Souvenirs und ganz prägnant natürlich ihre Schildkrötensammlung. Und so ist sie während jeder Reise immer auf der Suche nach einem neuen Exemplar. In China steht eine Schildkröte für Glück und ein langes Leben. Das Finden von Schildkröten ist in China also wesentlich leichter als in Ländern wie Namibia oder Jordanien. Es ist fast schon überflüssig zu erzählen, dass sie natürlich ein Exemplar findet, ein ganz besonderes Stück sogar! Diese kleine Schildkröte ist aus Messing, der Körper schaut wie eine Schildkröte aus, aber der Kopf ist ein Drachenkopf. Ein Drache steht in China auch für Glück, doppeltes Glück sozusagen! Für 2 Euro darf der Glücksbringer mit nach Zell am See.

In strömendem Regen fahren wir nach Datong zurück. „Wir werden zuerst Mittagessen, bevor es zu den Yungang Grotten geht", sagt Chen und begleitet uns zu einem Restaurant. Es bleibt gewöhnungsbedürftig, ein ungemütlich aussehendes Lokal mit heller TL-Beleuchtung und großen runden Tischen mit Plastiktischdecken zu betreten. Wir zaubern den Zettel und das Foto von Romy's Lieblingsgericht aus der Tasche und bestellen es beim Kellner. Ich bin normalerweise weniger kritisch und esse wirklich alles. Okay, alles außer das Essen in der Inneren Mongolei. Nur seit meiner Operation *(Im März 2012 wurde ein tennisballgroßes Hämangiom aus der*

Leber entfernt und gleichzeitig die Gallenblase entnommen) habe ich beim Essen doch einige Probleme. Weil diese Kombination genau beim Essen eine nicht wirklich positive Auswirkung hat. Ein langanhaltender leberkolikartiger Schmerz ist meistens das Resultat. Nur bei Fisch, Obst und Gemüse halten sich die Schmerzen in Grenze. Das ist ungefähr alles, was im Moment auf meinem Speiseplan steht, aber über die Einseitigkeit meckere ich nicht. Denn welche Frau möchte nicht „notgezwungen" eine neue Garderobe anschaffen? Und dann auch noch einige Kleidergrößen kleiner?! Chen hat also Fisch, Fisolen und Kartoffeln für mich bestellt. Da kann nicht viel schief gehen, denke ich noch, aber das, was jetzt am Tisch steht, ist für mich das reinste Gift. Alles ist paniert und frittiert! Ich belasse es also beim Kosten, weil ich sonst armselig dafür büßen muss. Die Kartoffeln schmecken jedoch köstlich, wie Pommes und Romy möchte freiwillig tauschen. Jetzt schleckert sie den Teller Kartoffeln weg und ich ihren Teller Reis. Problem gelöst.

Die Yungang Grotten, die seit 2001 zum Weltkulturerbe der UNESCO gekrönt sind, liegen westlich der Stadt und stammen aus dem 5. Jahrhundert. Die Grotten beherbergen beeindruckende 51.000 Statuen! Früher war China von Europa aus nur über die Seidenstraße erreichbar und über diese Straße sind die türkischen Tuoba nach Datong gekommen. Sie haben, beeinflusst von indischer, persischer und sogar griechischer Kultur, die Statuen aus Sand und Stein hergestellt. Die bekannteste Statue ist sicherlich ein sitzender Sakyamuni Buddha, den die Frau im Zug uns gezeigt hat. Er misst wahre 17 Meter! Nur schon sein Ohr hat über 2 Meter Länge. Witzig ist, dass die kleinste Statue im gesamten Komplex nicht einmal 2 Zentimeter misst! Insgesamt sind 45 Grotten zu besichtigen, teilweise mit wertvollen Fresken versehen. Beeindruckend sind die Malereien mit tollen Tiermotiven, sowie viele Tier-Statuen, obwohl sie, Wind und Wetter ausgesetzt, bereits sehr verwittert sind. Auf dem Weg zum Ausgang wandern wir noch kurz durch eine Tempelhalle mit einigen besonderen Buddha-Statuen. Sie zeigen die Dreifaltigkeit des Buddhismus: Vergangenheit, Gegenwart und Zukunft. Im mit Sand gefüllten Kessel, der vor der Halle steht, brennen einige Weihrauchstäbchen in bunten Farben mit Glitzerschrift geschmückt. Chen erklärt, dass die Schrift auf den Stäbchen Glück, ein langes Leben und gute Noten in der Schule bedeutet. Passender geht fasst nicht und so brennen 5 Minuten später drei neue Glitzer-Stäbchen im Kessel vor sich hin.

Es schüttet immer noch, während wir entlang der letzten Grotte wandern. Chen hat uns zwei Regenschirme besorgt, aber wir sind für dieses Wetter nicht wirklich warm angezogen. Romy latscht schon eine Stunde mit ihren Flipflops durch die Lacken bis sich ihre Füße irgendwann wie kleine Eiswürfel anfühlen. Bis auf die Knochen durchgefroren, fahren wir voll besonderer Eindrücke zum Hotel zurück. Datong war sicherlich kein Fehler und kommt ins Programm! Ganz klar.

Körperpflege

Wir werden am späteren Nachmittag mit dem Nachtzug nach Xi`an fahren. Deswegen haben wir am Vormittag genügend Zeit, die Stadt zu besichtigen. Direkt an der Straßenecke stehen fünf Taxis bereit. Ich zeige den chinesischen Namen der Neun-Drachen-Mauer einem Chauffeur, weil wir dort hinfahren möchten. „Nein", sagt er dann. Er fährt dort nicht hin. Vielleicht weiß er nicht, wo die Mauer sich befindet. Überraschenderweise dürfen wir auch beim zweiten Chauffeur nicht einsteigen. Na, ist das witzig! Es gibt Arbeit, aber niemand will arbeiten. Erst beim dritten Fahrer haben wir Glück. Während wir einsteigen, schaltet er den Fahrpreisanzeiger an und zehn Minuten später steigen wir am anderen Ende der Stadt direkt vor der Mauer aus. Die Fahrt hat nicht einmal 2 Euro gekostet. Spottbillig, würde ich sagen! Die Neun-Drachen-Wand ist die größte glasierte Ziegelwand Chinas. Sie stammt aus 1392 und wurde für den dreizehnten Sohn von Zhun Yuanzhang, dem ersten Herrscher der Ming Dynastie, gebaut. Neun ist wieder eine Glückszahl, deswegen sind neun bunte gewundene Schlangen auf einer 45 Meter langen und 8 Meter hohen Wand angebracht und illustrieren ihre Fähigkeit den Wind heraufzubeschwören und den Regenfall zu kontrollieren. Wirklich gelungen ist es den Drachen in den letzten Tagen aber nicht. Sowie bei allen Sehenswürdigkeiten, befindet sich auch hier einer der kleinen

Souvenirshop, die immer eine magische Anziehungskraft auf uns haben. Es gibt hier, außer viel Schnickschnack, kleine bunte Glücksbringer in der Form von Fischen und Schmetterlingen. Ich bin immer auf der Suche nach einem Geschenk, für diejenigen, die als erstes mein neues Buch kaufen. Ich finde, dass dieses Souvenir genau dazu passt und Romy darf 30 Stück aussuchen.

Etwas weiter in der gleichen Straße befindet sich die älteste Holzpagode der Welt: das Huayan Kloster. Auch Datong macht einen enormen Facelift durch. Ein riesiges Sanierungskonzept beherrscht die Stadt und genau hier, vor dem Tempel, ist der erste Teil neulich fertig geworden. Die alten Hutongs sind durch Neubauten ersetzt worden, eine breite gemütliche Wanderpromenade mit Läden und Restaurants im typischen chinesischen Baustil sind entstanden. Moderne Kleidungs- und Schuhgeschäfte, Frisöre und Eisdielen haben ihre Pforten vor kurzem geöffnet. Natürlich hängen die typischen roten Lampions an der Decke, die Fassade ist mit einem Karo-Holzgerüst versehen. Die Häuschen schauen jetzt wie die typischen Fachwerkhäuser aus Deutschland aus, aber eben mit einem Karo-Muster.

Wir kaufen eine Eintrittskarte und betreten das Kloster. Überall sind die Sehenswürdigkeiten überlaufen von Chinesen, hier haben wir den gesamten Komplex für uns alleine und es fühlt sich irgendwie unheimlich an. Auch diese Tempelanlage ist neulich renoviert worden und liegt in einem wunderschönen Garten, geschmückt mit Bänken, Bäumen und Laternen. Alles schaut hier sehr steril aus. Ich beschäftige mich mit fotografieren. Endlich keine Wache in jeder Halle und ich habe die Möglichkeit die wunderschönen Statuen unbeobachtet zu fotografieren. Meistens ist das Fotografieren in den Tempelhallen verboten.

Gemütlich wandere ich durch den perfekt gepflegten Garten und muss plötzlich an die Körperpflege der Chinesen denke. Ich habe schon von den niedlichen Ohrputzern erzählt. Aber ich habe mich in den letzten Tagen über mehrere besondere Pflegegewohnheiten der Chinesen gewundert. So hocken sich die Frauen auf den öffentlichen Toiletten schamlos hin, ohne die Türe zu schließen. Andere dahingegen, schließen zwar die Türe, aber sperren einfach nicht zu. Ich habe schon etliche Male erlebt, dass ich die Türe der Toilette aufmache und ich jemanden „gehockt" antreffe. Für mich eine peinliche Situation, aber diese Frauen denken sich nichts dabei. Oder der junge Mopedfahrer, der beim Warten vor der Ampel, sich ausführlich seine Pickel ausdrückt. Den Rückspiegel von seinem Moped hat er zuerst schön in Position gedreht, damit er einen besseren Blick auf die eitrigen Hügel hat. Und die beiden Damen, die sich im Restaurant in Hohhot, quasi als Dessert, die Fingernägel geschnitten, gefeilt und rosa lackiert haben... Vielleicht fühlen sie sich alle unbeobachtet in der Masse?! Ganz typisch sind die Kinderhosen, die im Schritt offen sind. So können die kleinen Kinder ganz bequem in die Knie gehen und am Straßenrand pinkeln oder kacken. Diese Methode ist natürlich viel billiger wie Windeln kaufen. Ich weiß nicht, ob die Pflege des Rachens in dieser Reihe dazu passt, aber das Aushusten des Schleimes, das Röcheln, sollte in China weit verbreitet sein. Ich habe es noch nicht oft gesehen. Oder gehört. Ganz auffallend sind in jedem Fall die Frisuren der Männer. Keiner, aber wirklich keiner, hat hier die Haare länger als 5 Zentimeter! Keine Rasta-Frisur, kein Pferdeschwanz, keine ranzigen Genickhaare, keine Dreadlocks, keine lange Haarlocke, sondern alles ordentlich und rechtzeitig geschnitten und rasiert. Jetzt verstehe ich auch den Sinn der Ohrputzer. Weil mit freier Sicht auf und in die Ohren, sollte diese natürlich genauso ordentlich gepflegt sein!

Mit zehn Minuten Verspätung verlässt der Zug den Bahnhof von Datong. Dieses Mal haben wir das gesamte Gepäck dabei und es ist beim Einsteigen etwas gemütlicher zugegangen. Wir haben für die Nacht zwei Betten im Softsleeper-Abteil gebucht. Dieses Abteil ist abschließbar, da befinden sich immer vier Betten pro Abteil und hier darfst du nur mit einer gültigen Fahrkarte den Waggon betreten. So sind die Gänge auf Grund dessen leer und klaut niemand mein Bett. Es ist sicherlich nett, wenn es im Zug etwas ruhiger ist. Andererseits war die Fahrt im Hardsleeper-Abteil zwischen den Chinesen auch lustig. So haben zwei Herren neben uns gefragt, von wo wir sind. Und weil niemand in der Welt Austria kennt, oder es durchaus mit Australien verwechselt, sage ich meistens „Holland". Witzigerweise zucken die Menschen hier oft mit den Schultern. Niemand kennt Holland. So auch diese zwei Herren. Ich versuche es noch mit Tulpen, Windmühlen, Rembrandt van Rijn,

Marihuana und hölzernen Schuhen, aber komme auch damit nicht weit. Aber es gibt weltweit eine Sprache, die jeder versteht: Fußball! Im Moment genießen die holländischen Spieler wie Wesley Sneijder und Robin van Persie durch die letzte Weltmeisterschaft doch einiges an weltweiter Bekanntheit. Nach Datong sind diese Stars der grünen Matte offensichtlich noch nicht durchdrungen, weil die Herren wieder mit den Schultern zucken. Jetzt muss die Technik her. Einer der beiden wird immer neugieriger, welches Land es doch sein könnte und holt das neueste Samsung Galaxy S III aus der Tasche. Er startet Google und tippt „Holland" ein. „Aaah, Gullit!", sagt er. Es ist schon wieder dreißig Jahre her, dass die holländische Fußball-Mannschaft, mit Ruud Gullit in der Basis, sich zum Europameister kickte. Aber sie haben, so wie es ausschaut, die Bekanntheit bis China geschafft. Obwohl die Männer im Zug noch nicht so alt ausschauen und ich sie eher in die Generation Sneijder und Van Persie eingeschätzt habe, finde ich es bewundernswert, wie sie die Technik im Griff haben. Besser wie ich. Ich finde es sowieso bemerkenswert, dass ein Land wie China weltweit so viel für die internationale Wirtschaft bedeutet, die Einheimischen dann kaum englisch reden und ich im Land kein Wort lesen kann. Aber gut, ich verliere den Draht, weil das alles war vorgestern. Jetzt sind wir mit dem Schlafzug nach Xi`an unterwegs.

Tonfiguren

Vor dem Bahnhof in Xi`an wartet Han auf uns. Sie ist unsere Reiseleiterin für Xi`an und nimmt uns zum absoluten Highlight der China Reise mit, nämlich die Terrakotta-Armee. Vor knapp vierzig Jahren (1974) wurde die Armee durch Zufall entdeckt. Ein Bauer hatte einen Brunnen gegraben und stieß dabei auf die Kammer mit den Tonfiguren. Die Armee gilt jetzt sicherlich als einer der größten archäologischen Funde der Welt. Die unterirdische Armee wurde damals unter Leitung des ersten Kaisers Chinas Qin Shihuangdi gebaut und zeigen Soldaten, Offiziere, Generäle aber auch Pferde und Kutschen. Wir besuchen zuerst das Museum und sehen gleich die zwei bronzenen Pferdegespanne mit Kutschen. Als sie damals ausgegraben wurden, waren sie sicherlich in dreitausend Stücke zerbrochen. Verschiedene Archäologen aus der ganzen Welt haben fast 15 Jahre gebraucht, die Kutsche und die Pferde wieder zusammen zu bauen. Wie Lego! Insgesamt sind drei Hallen zu besichtigen. Halle eins ist nicht nur die größte Halle, sondern auch die beeindruckendste. Vor mir sehe ich viele Reihen Tonfiguren, schön in Vierer-Reihe aufgestellt. Han erzählt, dass sich hier angeblich über 8000 Figuren befinden und erst 2000 Statuen ausgegraben wurden. Weil, sobald die buntgefärbten Figuren dem Tageslicht ausgesetzt sind, verlieren sie ziemlich schnell ihre Farbe. Bis heute haben die Wissenschaftler noch keine Technik gefunden um die

Farben zu erhalten. Deswegen werden die restlichen Figuren noch nicht ausgegraben und es ist vorläufig unbekannt, um wie viele Tonfiguren es sich hier tatsächlich handelt. „Die Tracht der Haare verrät um welchen Typ es sich handelt", erzählt Han in perfektem Deutsch. Hat die Tonfigur zwei Hörner auf dem Kopf, dann steht der General vor dir. Der Offizier hat nur ein Horn, ein Soldat trägt einen Dutt an der rechten Seite oben auf dem Kopf. Ein Bogenschütze dahingegen, müsste mit der linken Hand über die rechte Schulter nach einem Pfeil greifen. Deswegen trägt der Bogenschütze den Dutt an der linken Seite. Der Dutt könnte sonst im Gefecht im Weg sein. Die allerhöchste Figur ist natürlich der Kaiser, er ist fast immer mit einem auffallenden Anzug dargestellt.

Beeindruckt verlasse ich Halle eins und komme bei einem kleinen Imbiss vorbei. Es ist heute herrlich warm, der Himmel knallblau und die Sonne strahlt. Wir sind etwas weiter im Süden und das macht sich beim Wetter gleich bemerkbar. Die Terrasse ist jetzt genau das Richtige um die ersten Eindrücke zu verarbeiten. Han und Romy gönnen sich ein Eis, ich genieße einen herrlichen schaumigen Cappuccino. Der Bauer, der die Armee entdeckt hat, hat seit diesem Tag nicht mehr gearbeitet und genießt seine Berühmtheit in einem Nebengebäude. Du kannst ihm hier die Hand schütteln, ich halte es für etwas übertrieben und möchte lieber zur Halle zwei und drei. Obwohl die beiden Hallen weniger spektakulär ausschauen, befinden sich hier die höchsten Offiziere. Romy hat am meisten über das Pferd in Halle zwei lachen müssen. Weil die Ausgrabungsarbeiten noch nicht ganz erledigt sind, steckt das Pferd mit seinem Kopf noch in der Wand, der Hintern ist schon freigelegt und steht komisch in die Höhe... Ein lustiger Anblick, da hat sie recht!

Beim Hotel angekommen, schmeißen wir das Gepäck schnell in eine Ecke und wandern in die Stadt hinein. Das Zimmer stinkt unglaublich nach Rauch. Wir sind es einfach nicht mehr gewöhnt, aber in China darf noch überall geraucht werden. Und wenn das Zimmer dann so nach Rauch riecht, ist das nicht besonders attraktiv zum Verweilen. Ich habe den Tipp bekommen, den Markt hinter der islamitischen Moschee zu besuchen. Islamitisch, höre ich dich denken? Ja, Richtig. Damals hat die Seidenstraße nicht nur Waren nach China gebracht, sondern auch Ideen und Gedanken. So sind der Buddhismus und der Islam über die Seidenstraße nach Asien gekommen. Und in diesem Viertel leben sehr viele chinesische Muslime, zu erkennen an den farbenfrohen verschleierten Frauen.

Auf den Straßen, die an der Außenseite des Marktes liegen, werden sehr viele Lebensmittel verkauft. Frisch gegrillte Fleischspieße, verschiedene Sorten Bapao, Melone am Spieß und anderen nicht definierbaren Esswaren. Verschiedene kleinere Gassen führen nach innen, hier sind auf dem Markt allerhand Souvenirs erhältlich. Natürlich werden hunderttausende Tonfiguren der Terrakotta-Armee in allen Größen gefeilscht, den Kaiser und sein Pferd haben wir heute Morgen schon beim

Museum gekauft. Jetzt können wir zwischen seidenen Pyjamas, bunten Kleidern und gefälschten Taschen wählen. Auch Koffer, Placemats, Essstäbchen und Weihnachtsschmuck stehen zur Auswahl. Stundenlang wandern wir über den Souvenirmarkt und natürlich schaffen es einige Souvenirs, unsere kritischen Blicke auf sich zu ziehen und dürfen, nach intensivem Verhandeln, nach Zell am See mitkommen. Romy wünscht sich ein chinesisches Kleid. „Für Fasching, Mama", sagt sie, weil wann solltest du so etwas sonst anziehen? In jedem Fall ist ihr Auge auf ein 12 Euro hautenges Exemplar in lila mit Reisverschluss und Zierknöpfen gefallen. Man kann sich nicht früh genug um ein Faschingskostüm kümmern und somit wird auch das Kleid eingepackt. Mir gefallen die Kipling Taschen immer sehr gut, aber teuer sind sie auch. So zahlst du bei uns für eine Handtasche schnell 50 Euro. Nicht in Xi`an! Hier hängen tausende Taschen in allen möglichen Größen zur Auswahl und kosten die, natürlich supergefälschten Handtaschen knappe 5 Euro. Ob eine Tasche die kritische Auswahl geschafft hat, erzähle ich jetzt nicht. Es ist immerhin strafbar, solche Waren zu kaufen und nach Europa einzuführen...

Noch eine Mauer

Xi`an bedeutet so viel wie westlicher Friede. Früher hat die Stadt Changan geheißen, was ewiger Frieden bedeutet. Egal ob westlich oder ewig, Xi`an ist sowieso eine der bedeutendsten alten Kaiserstädte Chinas. Seine Geschichte ist eng mit der Entwicklung der chinesischen Zivilisation verbunden. Keine Stadt in China hat eine so lange und glanzvolle Vergangenheit wie Xi`an. Außerdem hat Xi`an in der Welt den Ruf eines „natürlichen Museums" und ist neben Rom, Athen und Istanbul als eine der vier berühmten alten globalen Metropolen bekannt. Die Stadtmauer, die die Stadt umschließt, steht, nach der Terrakotta-Armee, als das Wahrzeichen Xi`ans. Gemütlich wandern wir zum Südtor, welches nahe zu unserem Hotel liegt. Es gibt die Möglichkeit auf der Mauer Fahrräder zu mieten und wir möchten damit die 14 km lange Mauer rundum die Stadt abfahren.

In der alten Zeit war die Stadtmauer immer der wichtigste Bestandteil eines Stadtschutzsystems. Die heutige Stadtmauer stammt aus der Ming Zeit und ist in China die einzige alte Stadtmauer, die heute noch so vollständig erhalten blieb. Die Instandhaltung kostet natürlich viel Geld und für das Betreten der Mauer wird deswegen Eintritt verlangt. Die viereckige Mauer hat in jeder Himmelsrichtung ein Haupttor. Heute werden sie das Ost-, Süd-, West- und Nordstadttor genannt. Früher wurden, um die Verteidigung zu verstärken, bei jedem

Tor auf der Mauer drei Türme gebaut: ein Vorturm, ein Wachturm und ein Hauptturm. Das heißt, dass jedes Tor dreifach geschützt wurde. Oben auf der Mauer stehen die Räder, weniger geschützt, bereit. Du kannst übrigens nicht bei jedem Tor Räder ausborgen, nur beim südlichen und östlichen. Für 80 Yuan dürfen wir das Tandem-Rad ausborgen, sollten aber innerhalb von 1,5 Stunden wieder zurück sein. Oben auf der Mauer ist es relativ ruhig. Da sind fast keine Wanderer unterwegs und die Nicht-Sportlichen lassen sich mit einem verlängerten Golfcaddy herum kutschieren. Aber die meisten sind relativ sportlich, oder tun als ob, und sind mit dem Rad unterwegs, auf der relativ breiten Mauer übrigens eine sichere Angelegenheit! Wir kommen erst beim westlichen Turm vorbei. Die Sonne brennt heute ordentlich. Es hat sicherlich 30 °C und wir schwitzen bei der Anstrengung wie verrückt. Die erste Wasserflasche verschlingen wir im Nu, leider befindet sich hier beim westlichen Tor kein Imbiss. Also radeln wir im Uhrzeigersinn weiter und genießen die fantastische Aussicht über die Stadt. So fahren wir beim großen modernen Kinderkrankenhaus vorbei, sind Restaurants und Hochhäuser im Bau und sehen wir, dass manche Chinesen doch unter armseligen Umständen wohnen. Oder super luxuriös. Der Kontrast ist ein Wahnsinn. Auch beim nördlichen Tor kein Radverleih, dafür ein kleiner Imbiss, in dem wir Wasser und Eis kaufen. Ich habe schon etwas über die Pflegegewohnheiten der Chinesen erzählt. Vielleicht einen Zusatznachtrag, während wir eine kleine Pause machen und im Schatten auf der kleinen Terrasse ein Eis wegschlecken. Weil, natürlich, es ist warm, aber ist es notwendig, dass die Männer einfach ihr T-Shirt bis über die Brustwarzen hochziehen? Bei einem feschen Mann mit Waschbrettbauch finde ich es noch attraktiv und darf er das T-Shirt sogar ausziehen. Aber am Tisch neben uns sitzt ein Mann mit Bierbauch im „achten Monat". So etwas Unappetitliches sollte zumindest unter dem T-Shirt bleiben! Im Allgemeinen sind die Chinesen ultradünn. Fettleibigkeit kommt in China eigentlich nicht vor. Aber heutzutage siehst du immer mehr übergewichtige Personen, vor allem männliche Kinder, die den Einflüssen der zahlreichen Mc Donalds, Dicos, Kentucky Fried Chickens, die sich an jeder Straßenecke befinden, nicht wiederstehen können. Bei den Frauen liegt es etwas anders. Um hier in China einigermaßen Aufmerksamkeit zu bekommen, willst du natürlich auffallen. Und wie geht das in einem Ort mit über einer Million Einwohner? Genau, mit knallrosa Highheals mit Plateausohlen, auffälligen Prints, Tigerleggings, Louis Vuitton Tasche, Louboutin Schuhe, Chanel Röcke. Unglaublich, wie die Frauen sich kleiden. Meistens passt es überhaupt nicht zusammen. Auch die meisten Männer kleiden sich durchaus sehr piekfein mit einem dunklen Pantalon und elegantem Hemd. Außer der Bierbauch neben mir. Und dann zieht er das T-Shirt auch noch hoch... Leider, ich werde es in China noch öfters sehen müssen.

Das östliche Tor ist das Haupttor und hier kannst du ebenfalls Fahrräder ausborgen. Obwohl ich von der Radtour schon ziemlich fertig bin, möchte ich die ganze Runde schaffen und fahre an dieser Station vorbei. Meine

Kondition ist nach der Operation noch sehr mäßig. Aber ob es nur an der Operation liegt? Patrice und Sport passen einfach nicht so gut zusammen. Trotzdem schaffe ich die Runde in der vorgegebenen Zeit und bringe punktgenau 1,5 Stunden später das Tandem wieder beim Südtor zurück. Direkt unter der Mauer befindet sich ein gutes Kaffeehaus. Für wahnsinnige 38 Yuan, also fast 5 Euro, bekomme ich einen Cappuccino. Dafür schmeckt er aber genau so wahnsinnig. Eine verdiente Belohnung!

Den Rest des Tages schlendern wir gemütlich durch die Stadt, bis wir für die nächtliche Zugfahrt nach Chengdu abgeholt werden. In Waggon Nummer 9 sind Bett zwei und Bett vier für uns reserviert. In Bett eins liegt ein Schweizer. Er ist mit einer Gruppe mit der transsibirischen Eisenbahn von Moskau nach Peking gereist und wollte danach noch etwas mehr von China anschauen. Jetzt ist er zu den Pandas in Chengdu unterwegs, so wie wir.

Tierische Kontraste

Mit einer Stunde Verspätung steigen wir am Bahnhof von Chengdu aus dem Zug. Min, unsere neue Reiseleiterin, wartet außerhalb des Bahnhofes auf uns. Meine Aufgabe ist es, das Gepäck durch die Menschenmassen zum Ausgang zu schleppen. Ich weiß nicht warum, aber unsere Taschen sind sauschwer. Vor uns geht eine Familie mit 4 Kindern. Sie sind auf Weltreise und mit sicherlich der Hälfte von unserem Gepäck, verteilt über 6 Personen, bequemer wie wir ausgestattet. Irgendwas mache ich falsch! Klar, das Moskitonetz hätte ich natürlich zu Hause lassen können und auch die erste Hilfe kommt mir jedes Mal etwas viel und übertrieben vor. Und dann habe ich die einzelnen Streifen der Medikamente schon aus der Originalverpackung genommen. Kleidung habe ich auch nicht viel mit und an dem Stativ wird es wohl nicht liegen. Ich nehme mir ständig vor, bei unserer nächsten Reise, das Gepäck etwas kritischer anzuschauen! In jedem Fall lassen wir uns durch die Menschenmassen nach außen treiben und ich sehe aus der Ferne bereits das TRAVELKID-Logo auf einem Schild stehen. Ohne dieses Schild hast du wirklich keine Chance irgendjemand zu finden. Dann ist die Qual noch nicht vorbei, weil sich sicherlich dreihundert Menschen einen Weg zum Auto, Taxi oder Bus bahnen müssen. Und sitzt du endlich in deinem Fahrzeug, versucht jeder einen Weg durch den Verkehr zu finden.

Hier überholt jeder rechts und links, Fußgänger werden von den Zebrastreifen gefegt oder von einem Hup-Konzert fast vergewaltigt. Hier gilt eindeutig das Recht des Stärkeren!

Das Buddhazen Hotel ist malerisch schön. Genau so stelle ich mir die Unterkünfte in China vor. Das Hotel ist ein altes Boutique Hotel, modern ausgestattet, aber mit vielen Einflüssen des Buddhismus und der chinesischen Kultur versehen. Unser Zimmer hat einen Balkon, Wi-Fi und zum ersten Mal haben wir relativ weiche Betten. Unfassbar, wie hart die Betten in China sind! Bis jetzt bin ich jede Nacht auf einem steinharten Brett eingeschlafen, egal ob Hotel, Jurte oder Zug. Aber das Beste im Hotel ist natürlich der Spa, in dem wir uns am Nachmittag verwöhnen lassen möchten. Das Hotel liegt an einer Wanderpromenade, nebenan wird direkt auf der Straße gekocht und du kannst die Menüs gleich an den aufgestellten Tischen verzehren. Am Nachmittag öffnen die kleinen Souvenirläden, die auch auf der Straße aufgestellt sind und so herrscht hier in Chengdu eine gemütliche Atmosphäre. Ich verbringe den Rest des Tages mit E-Mails beantworten und Angebote schreiben. Auch wollten wir im Spa-Bereich ein Heu-Bad nehmen, aber der Wassertank ist kaputt. Um die Enttäuschung zu lindern, genießen wir die unterschiedlichsten chinesischen Speisen im kleinen Hotel-Restaurant und lassen den Tag gemütlich ausklingen.

Während der Song-Dynastie, sprich 1200 nach Chr., gab Chengdu als erste Stadt der Welt Papiergeld aus. Viel bekannter ist Chengdu natürlich wegen der Pandas und Min führt uns heute zu diesen Kuscheltieren. Es ist wichtig, sehr früh zu den Pandas zu fahren. Zum Einen, weil die Tiere nur morgens etwas Aktivität zeigen. Zum Anderen, weil es für die Pandabären am Tag schnell zu warm wird und sie sich in ihre klimatisierte Innengehege zurückziehen. Danach siehst du sie fast nicht mehr.

Riesenpandas sind seit Jahren vom Aussterben bedroht. Nur noch 1600 Tiere leben in freier Wildbahn, die meisten im Südwesten Chinas. Die Panda Forschungs- und Aufzuchtstation in Chengdu wurde im Jahre 1987 gegründet und hat sich in letzter Zeit zu einem Reiseziel mit hohem Bekanntheitsgrad und einer renommierten Einrichtung zur Forschung und Erhaltung vom Aussterben bedrohter Tierarten entwickelt. Besucher und Wissenschaftler aus der ganzen Welt sind auch heute zahlreich unterwegs. Diese Aufzuchtstation ist eine von drei nur schon in der Provinz Sichuan. Nach dem weltbekannten Erdbeben in Sichuan 2008 wurden die Pandabären aus dem Wolong-Schutzgebiet großteils nach Bifengxia in Ya`an umgesiedelt. Chengdu dahingegen, hat es seit der Eröffnung von 14 Pandas bis heutzutage auf 68 Tiere geschafft, wobei es bereits über 300 Neulinge gegeben hat. Und der Erfolg hält an, weil vor sieben Tage ebenfalls ein kleines Baby geboren wurde! Wiederum ein großer Erfolg, weil die Pandas sehr faul sind und wenn es um die Paarung geht, sexuell noch fauler sind, als sonst. Wieso sollten sie auch aktiv sein? Die Damen sind nur einmal in 2 Jahren paarungsbereit. All die Mühe zwischendurch ist doch umsonst, oder?

In den ersten zwei Gehegen sind die Pandas noch im Innengehege. Beim nächsten Gehege ist gerade das Frühstück draußen verteilt worden und verschlingen acht Pandas junge Bambussprossen, Blätter und Äste. Insgesamt verbringen Pandas 14 Stunden am Tag mit Essen und nagen zwischen 15 und 30 Kilo Bambus weg. Wir haben einen Platz ganz vorne am Zaun ergattern können und schauen den Kuscheltieren eine Weile zu. Sie toben herum, klettern in Gerüste, beißen im Ohr des Freundes, klauen die grünsten Äste des Nachbarn oder kratzen sich ordentlich am Arsch. Fast wie Menschen!

Im Nebengebäude hast du die Möglichkeit einen Pandabär zu streicheln und laut Min sollten wir diese Tat unterstützen. Ich bin absolut kein Fürsprecher, wenn es um das Streicheln von Wildtieren geht, aber bei diesem Preis brauche ich nicht einmal nachzudenken. Für 1300 Yuan, also satte 160 Euro, möchte ich das Tier nicht mal anschauen! Anschauen, und auch noch gratis, können wir den Neuankömmling, während er gefüttert wird. Durch ein schmutziges Fenster schauen wir fassungslos zu einem nackten rosa Wurm von nicht einmal 10 – 12 Zentimeter, der nicht sehen und hören kann. In zwei Wochen wird dann das weiß schwarze Muster zum Vorschein kommen.

Die verwandten roten Pandas befinden sich auch in Chengdu und sind, was die Hitze betrifft, weniger heikel.

Sie bleiben länger draußen und sind genauso kuschelig wie die „braunen" Pandas. Schließlich schauen wir uns noch einen Film über die Fortpflanzung der Pandas an und wandern dann langsam wieder zum Ausgang. Die meisten Pandas haben sich tatsächlich sehr früh in die Innengehege zurückgezogen und du stehst jetzt ewig lang Schlange um die Tiere drinnen anzuschauen. Zeit zu gehen.

Bevor wir zu unserem Hotel zurück fahren, nimmt Min uns zu einem Restaurant mit. Wiederum ein Lokal, welches von der Außenseite nicht als Restaurant zu erkennen ist. Natürlich liegt auch hier das Plastik auf dem Tisch, das Gedeck inklusive Teller, Schüsselchen und Stäbchen liegen, ebenfalls in Plastik verpackt, am Tisch. Mit Gemütlichkeit hat es hier nichts zu tun. Es schaut für mich eher nach einfacher „Abfertigung" aus. Wir werden zum Tisch gebracht, der Kellner wartet so lange beim Tisch, bis wir die Gerichte ausgesucht haben. Dieses Mal setzten Chauffeur und Reiseleiter sich zu uns an den Tisch, meistens essen sie alleine. Es dauert nicht lange, dann werden mehrere Teller mit Gemüse, Fleisch und sonstige Leckereien auf den Tisch gestellt. Mit seinen Stäbchen isst jeder wieder von jedem Teller. Ich finde es wirklich nicht hygienisch! Und es bleibt komisch, dass die Suppe und der Reis als letztes serviert werden. Andere Länder, andere Sitten. Am meisten gewöhnungsbedürftig bleibt es, dass wenn du das letzte Reiskorn runter geschluckt hast, du auch gleich aufstehst und gehst! Nichts Kaffee danach oder gemütlich ratschen. Auch wir stehen nach einer knappen Viertelstunde auf und verlassen das Restaurant, Romy übrigens immer noch mit Wackelzahn!

Am Nachmittag besuche ich mit Romy den buddhistischen Wenshu Tempel, Chengdus größtes Tempelkloster, welches sich in unmittelbarer Nähe des Hotels befindet. Beim Eingang nehme ich, gegen eine Spende, Weihrauch mit. Dieses Mal bekomme ich keine drei Stäbchen, sondern gleich einen Bund von vielen kleinen dünnen Stäbchen. Der Tempel strahlt eine enorme Ruhe aus. Mehrere Pavillons liegen in einem großen Garten eng aneinander gereiht und sind mit bunten Blumen und üppigen Pflanzen geschmückt. Die Bodenfliesen blitzblank geputzt, fröhliche roten Lampions an der Decke und das übliche Karo-Holzgitter vor den Fenstern. Manchmal haben wir Sicht auf die Mönche mit ihren langen orangenen Gewändern und kaputten Flipflops. Gläubige Chinesen zünden die Weihrauch-Bündchen behutsam an, knien sich elegant auf einen der drei Hocker vor den Statuen nieder oder neigen mit gefalteten Händen drei Mal den Kopf. Beim Hauptfeuer zünde ich die Stäbchen an und wünsche mir Verzeihung für die Vergangenheit, Erfolg für die Gegenwart und stecke die brennenden Stäbchen behutsam aber entschlossen in den Kessel hinein. Noch schnell wünsche ich mir für die Zukunft etwas besonderes, nämlich ... eine Ratte!

Wie du vielleicht schon weißt, weicht das chinesische Horoskop von unserem ab. Der größte Unterschied ist, dass die Sternzeichen nicht pro Monat, sondern pro Jahr benannt werden. Insgesamt gibt es 12 Sternzeichen: Büffel, Tiger, Hase, Drache, Schlange, Pferd, Ziege, Affe, Hahn, Hund, Schwein und eben eine Ratte und diese Sternzeichen wiederholen sich alle 12 Jahre. Bist du im Jahr 1949, 1961, 1973, 1985 oder 1997 geboren, dann bist du ein Büffel. Alle anderen Jahrgänge kannst du mit den oben angegebenen Reihenfolgen und der Zahl 12 ausrechen. Büffel 1961, Tiger 1962, Hase 1963 etc. Wenn du im Januar Geburtstag hast, ist es vom Vollmond abhängig, ob du ins eine oder andere Jahr fällst. Dafür muss ich im Moment auf das Internet verweisen. Mein Baujahr ergibt einen Affen, Romy findet sich im Pferd wieder. Jetzt bin ich Stier, in Myanmar gehöre ich dem Tiger zu und hier eben einen Affe. Allen „wilden" Erde-Figuren, die teilweise meinen Charakter verraten. Und, laut des chinesischen Horoskops passt zu mir… Jawohl! Eine Ratte! Und mein Wunsch wird hier im Tempel gleich schon gehört und erfüllt. Oder werde ich jetzt veräppelt? In jedem Fall kann ich mich vor Lachen fast nicht halten, weil am Opfertisch tatsächlich einige Ratten herumrennen! Sie bedienen sich köstlich von den Opfergaben in der Form eines Apfels. Am besten glaube ich einfach, dass es sich hier um eine unterstützende Kraft handelt und mein Wunsch irgendwann doch erfüllt wird.

Auf dem Weg zurück zum Hotel, wandern wir noch kurz über den Markt. Im Nachhinein hätte ich besser direkt zum Hotel zurück gegen sollen, weil was wir jetzt vorfinden echt grausam ist! Ich krame nämlich bei einem Marktstand herum und werde magisch von komischen runden durchsichtigen Plastikkugeln angezogen. Du kennst sie schon. Die aus den blöden Autobahnautomaten, in denen sich meistens ein Krempel-Geschenk befindet. Aber in diesen Kugeln befindet sich kein Krempel. Nein, in diesen Kugeln sitzen... echte Schildkröten. Lebendige Schildkröten! Wirklich! In einer Lacke Wasser und, damit es nicht ganz so trostlos ausschaut, mit einigen buntgefärbten Perlen geschmückt. Romy ist geschockt und auch ich stehe fassungslos daneben. Manchmal verstehe ich die Welt nicht. Weil vor allem der Kontrast zu heute Morgen furchtbar ist. In der Aufzuchtstation werden tagtäglich Millionen Yuan für die bedrohten Pandas ausgegeben aber mit den bedrohten Meeresschildkröten haben die Chinesen nicht viel am Hut! Die Pandas bringen zwar kein Glück aber haben ein hohes Kuschelgehalt, im Gegensatz zu einer Schildkröte. Aber sobald es um das eigene Glück geht, ist es hier in China anscheinend ziemlich egal ob die Schildkröten auch glücklich sind. Hauptsache „ich" werde es. Unfassbar! Total angeschlagen wandern wir zum Hotel zurück. Bei Romy stehen die Tränen in den Augen. „Mama, wir müssen die Schildkröten retten!", sagt sie. „Ja", denke ich, „aber wie?" Ich kann doch keine 20 Schildkröten mitnehmen. Und wo soll ich sie frei lassen? Kaufen ist sowieso keine Option, weil morgen dort 20 neue Schildkröten hängen. „Ich werde die Schildkröten fotografieren und du schreibst einen Brief an den WWF", schlage ich Romy vor. Und so haben wir es gemacht!

Shopping Paradies

Das Restaurant vom Buddhazen Hotel ist nicht so groß und gerade ziemlich überfüllt. Wir dürfen uns zum Frühstück bei einer holländischen Familie an den Tisch setzen. Sie sind mit ihren Kindern in umgekehrter Richtung unterwegs und wir wechseln einige Informationen aus. So erzähle ich etwas über das Radfahren in Xi'an und bekomme im Gegenzug den Tipp, dass ich in Yangshuo zum Moondance Resort gehen soll. Da gibt es ein Schwimmbad. Ich schreibe den Name des Hotels gleich auf, weil wir bis jetzt noch keine Schwimmbäder gefunden haben. Es ist natürlich sehr kostenintensiv ein Schwimmbad zu erhalten, und dafür haben die Hotels einfach kein Geld. Aber ein erfrischendes Bad am Ende des Tages geht uns schon ab, muss ich sagen.

Der Flughafen von Chengdu ist riesig und ultra modern. Zahlreiche luxuriösere Geschäfte wie Louis Vuitton, Burberry und Armani befinden sich in der Abflughalle, aber sie sind natürlich leer. Auch für eine kleine Handtasche wird hier in China das Geld fehlen. Am Schalter von China Eastern checken wir ein und vor uns steht eine 6-köpfige holländische Familie, die auch bei uns im Hotel gewohnt hat. Sie sind mit ihren zwei eigenen und zwei chinesischen Adoptivkindern unterwegs. Wir haben unterwegs schon einige solche Patchwork-Familien gesehen. Ich finde es fantastisch, dass die

Adoptivkinder doch die Möglichkeit bekommen, ihre eigene Kultur näher kennenzulernen.

Bei der Passportkontrolle werden wir ganz freundlich von einem Beamten begrüßt. Ich muss jedes Mal wieder so lachen, weil ich davon überzeugt bin, dass die Dienstkleidung in einem westlichen Land gemacht worden ist. Diese Dame vor mir ist sehr schmal und sicherlich nicht größer als 1,60 m mit Kleidergröße 34, wenn überhaupt. Aber ihre Dienstkleidung ist Größe 40 oder misst sogar eine Männergröße. Die Kleidung ist ihr viel zu groß und damit die Hose irgendwie auf den Hüften hängen bleibt, hat sie den Gürtel megafest gezurrt. Jetzt schaut sie wie Barbie aus. Eine Mini-Wespentaille, aber mit ordentlichen Hüften. Nur mit dem Unterschied, dass die breiten Hüften keine Knochen sind, sondern 2 Meter zusammengefalteter und übriggebliebener Stoff! In Peking habe ich auch so über den Garten-Jungen beim Bamboo Garden Hotel lachen müssen. Er war noch keine zwanzig Jahre alt mit Schuhgröße 40 und hat Schuhe von europäischer Größe 46, oder noch größer, angehabt. Herrlich, oder?

In nicht einmal einer Stunde stehen wir am Flughafen von Lijiang und werden zur Innenstadt gefahren. Die Sonne scheint, wir sind auf knapp 2400 m Seehöhe in den Ausläufern des Himalaya Gebirges angekommen und haben Aussicht auf die Jadedrachen-Schneeberge. Leider färbt sich der Himmel bedrohlich schwarz und wir haben keine Sicht auf die höchsten Schneegipfel, trotzdem schaut die Umgebung fantastisch aus. Die Innenstadt

Lijangs ist wiederum ein von UNESCO ausgezeichnetes Kulturerbe und gleichzeitig Fußgängerzone. Die Taxis dürfen nicht bis zum Hotel fahren und wir werden von einem Pagen des Hotels abgeholt. Gemütlich wandern wir durch die Gassen hinter ihm und unserem Gepäck her. Und während der Wanderung habe ich mich gleich in die Stadt verliebt! Kleine graue Steinhäuschen, abgewechselt von zierlichen Brücken und schmalen Bächlein. Spießbürgerlich. Mit Recht ein Kulturerbe!

Das Sanhé Courtyard liegt mitten in dieser fantastischen Szene und ist ein klassisches Boutique Hotel mit charmantem Innenhof, grauen Dachpfannen aus Schiefer, roten Lampions, hölzernen Karo-Luken und natürlich dem Vogelkäfig! Wir bekommen ein Zimmer mit separatem Schlaf- und Wohnzimmer und ein Luxus-Badezimmer. Ein Traum! Und ruhig. Von dem Wirbel draußen ist nichts mehr zu spüren. Aber genau das brauchen wir jetzt. Das Gepäck lassen wir eingepackt stehen und begeben uns zum Hotelausgang. Hier fangen die kleinen Gassen mit tausenden Souvenirläden, Essensbuden und Bars an. Das Pflaster ist schon ziemlich glatt poliert und viel zu vielen Menschen bewegen sich durch die engen Gassen. Wir verlieren schnell die Orientierung im Labyrinth von Gassen und Bächlein und lassen uns einfach treiben. Magst du Shopping nicht, dann ist Lijiang nichts für dich, aber wenn du noch keine Souvenirs gekauft hast, ist Lijiang ein Geheimtipp. Wir schnüffeln in jedem Trödel-Laden herum und sind von der Auswahl der Souvenirs begeistert. Kleine seidene Brieftaschen, Holzschnitzereien, Schlüsselanhänger aus

Jade, Glücksbringer und alles kostet zwischen 1 und 10 Yuan, also quasi nichts. Immer tiefer geraten wir in die Altstadt hinein, schmale Bächlein begleiten uns und manchmal überqueren wir kleine Brücken und gelangen so zur anderen Straßenseite. Normalerweise denkst du überhaupt nicht über so etwas nach, aber neben dem Bach stehen immer wieder kleine rote Löscheimer behutsam in einem wackeligen Holzgerüst aufgestellt. Als ob du einen Großbrand mit diesen 10 Liter Eimern löschen kannst! Und wie ein Feuerwehrauto hier in die Gassen kommen soll, ist mir auch nicht klar. Das hat ja keine Chance! Viele chinesischen und asiatischen Touristen sind mit einem Führer unterwegs. Andere Besucher der Stadt lassen sich auf einem Pferd durch die Gassen kutschieren, während Gepäckträger sich mit viel zu schweren Koffern durch die Menschenmassen manövrieren. Ein tolles Ambiente, wessen ich nie satt werde! Wir geraten in eine Bargasse. Eine Bar oder Dancing nach dem anderen ist hier aneinander gereiht und in jedem Lokal findet eine Aufführung statt, meistens Tanz. Und natürlich Karaoke! Für mich im Moment zu viel Lärm, vielleicht schauen wir morgen hinein.

Am nächsten Tag regnet es wieder! Oder besser gesagt, es schüttet. Obwohl wir nicht wirklich in der Regenzeit unterwegs sind, regnet es während unserer Reise ziemlich oft. Das Hotel hat kein Restaurant dabei, aber gleich ums Eck serviert Don Papa ein Frühstück mit gebackenen Eiern und Pfannkuchen. Nicht wirklich das optimale Frühstück für eine angeschlagene Leber, aber Don Papa verkauft auch Obst und Joghurt. Gestärkt überlege ich, was wir heute machen können, aber bei dem Wetter bleibt nur eines. Nichts! Schade, weil das Gebiet rundum Lijiang für seine Han und Naxi Minderheiten bekannt ist und einen Besuch wert sein soll. Stattdessen verbringen wir den gesamten Vormittag gemütlich und warm in unserem Wohnzimmer. Romy beschäftigt sich mit Malen, ich muss mein Tagebuch wieder aktualisieren und meine E-Mails anschauen. Nebenbei haben wir den Fernseher eingeschaltet, damit wir von den olympischen Spielen in London noch etwas zu sehen bekommen und probieren die Badewanne aus. Zwischendurch mache ich uns Kaffee und warmen Kakao und so genießen wir das Nichtstun. Erst am späteren Nachmittag hört es zu regnen auf. Die Sonne kommt langsam zum Vorschein, die Wolken hängen jedoch noch sehr tief. Erst jetzt merke ich, wie hoch wir im Gebirge sind, weil es ziemlich frisch geworden ist. Der Vorrat Geldscheine aus Datong neigt sich schon langsam dem Enden zu, so gehe ich auf die Suche nach einem Bankomaten. Aber erfolglos. Na ja, Banken und Bankomaten gibt es jede Menge, aber sie spucken kein Geld aus. Inzwischen habe ich es bei sechs Banken mit drei verschiedenen Karten probiert. Aber nichts! Letztendlich kratzen wir das letzte Geld aus allen Geldbörsen und Hosentaschen zusammen und stellen fest, dass es für ein Abendessen noch reicht. Morgen muss es in Dali aber funktionieren, sonst wird es eng.

Langsam kommen immer mehr Verkäufer mit ihren Wagen auf die Straße und fangen an zu kochen. Es riecht entweder fantastisch, oder es stinkt erbärmlich. Und ich habe teilweise keine Ahnung, was gekocht wird. Undefinierbar! Plötzlich sehe ich vor mir, mitten auf der Straße, einen Container, auf dem riesengroß VISA drauf steht. Erwartungsvoll tippe ich beim Automat den Geheimkode der VISA-Karte ein. Der Automat denkt nach. Das schaut in jedem Fall schon besser aus, da die anderen Automaten die Karte zu diesem Zeitpunkt schon wieder ausgespuckt hatten. Inzwischen habe ich verstanden, was bei den anderen Bankomaten das Problem war und ich kein Geld abheben konnte. Das Maestro Logo hat gefehlt! Es gibt in China Maestro und Union Pay, aber du kannst bei einem Union Pay Automat nicht mit einer Maestro Karte Geld abheben. Hört sich logisch an, aber du musst erst einmal drauf kommen! Jedenfalls spuckt dieser Automat 1000 Yuan aus und der Tag ist gerettet.

Die Aussicht auf die Dächer der Stadt sollte sehr schön sein, deswegen folge ich dem Hinweisschild zum Aussichtspunkt. Und tatsächlich, als ich hier oben stehe, habe ich einen fantastischen Ausblick über die grauen Ziegelsteine. Auch die Jadedrachen Schneeberge sind durch die graue Wolkendecke hindurch einigermaßen erkennbar. Die kleinen Häuschen, die mir zu Füßen liegen, haben kleinere graue Dachziegel. Der First wird mit flachen Dachziegeln bedeckt, am Ende des Firsts sind die Dachziegel aufeinander gestaffelt, damit die Enden, wie Hörner, etwas aufstehen. Schöne Zierziegel verleihen den Häusern den typischen chinesischen Charakter und genau deswegen hat die UNESCO die Innenstadt zum Weltkulturerbe ernannt.

Geisterfahrer

Pünktlich um 10 Uhr werden wir von einem Taxifahrer beim Busterminal im Norden der Stadt abgesetzt. Die 7-minütige Fahrt hat nicht einmal 10 Yuan gekostet. Unglaublich billig oder? Ich wollte in China wirklich alle möglichen Arten von Transport ausprobieren, deswegen fahren wir heute mit einem lokalen Bus von Lijiang nach Dali. Zhang hat die Sitzplatzreservierung für uns erledigt und Sitzplatz eins und zwei, ganz vorne im Bus, gehören uns. Die Strecke führt teilweise durch die Berge, und weil Romy's Magen nicht immer kurvenfest ist, habe ich zumindest die bequemsten Plätze im Bus reservieren können. Aber der Bus hat Verspätung, da fehlen nämlich die Hinterreifen! Sechs Männer sind damit beschäftigt, das Fahrzeug irgendwie fahrtüchtig zu kriegen und schrauben behutsam die Mutter mit einem Steckschlüssel auf den Bolzen. In der Zwischenzeit, besuche ich noch kurz die öffentliche Toilette. Die Fahrt dauert immerhin drei Stunden und ich weiß nicht, ob wir zwischendurch eine Pause machen. Aber was ich hier vorfinde, ist echt der Wahnsinn! Solche Klos habe ich in meinem Leben noch nicht gesehen. Und wie soll ich es überhaupt beschreiben? Aber es ist so einzigartig, dass ich es versuchen möchte. Im Boden befindet sich eine Rille, oder ein Schlitz. Der Abführkanal so zu sagen. Und diese Rille verläuft vom ersten bis zum letzten „Klo", genau durch die Mitte. Oben drauf sind lediglich 1 Meter hohe

Mäuerchen gesetzt, damit ich noch irgendwie das Gefühl habe, eine eigene Abteilung zu haben. Und… das war es dann. Na ja, da pickt auch noch viel Scheiße an der Wand und am Boden. Da hat wohl jemand die Rille verpasst. Sonst befindet sich das dreckige Klopapier großteils neben dem Mülleimer, überall hängen große Spinnweben mit Inhalt und da krabbeln und fliegen ungefähr eine Million Insekten herum. Und dann steht mir das schwierigste noch bevor. Wie soll der Blaseninhalt ordentlich in die Rille gelangen und nicht über meine Füße? Eine Dame im Nebenklo, macht es mir vor. Sie lässt schamlos die Hose runter, macht eine Vierteldrehung, hockt sich nieder und der Urinstrahl verlässt quasi in Fahrtrichtung via Klo drei, Klo zwei und Klo eins den Raum. Irre!

Nach dieser Offenbarung sehe ich, dass der Bus wieder genügend Reifen hat und wir dürfen einsteigen. Außer uns beiden und zwei Engländern befinden sich nur Chinesen im Bus. Es ist nach wie vor erstaunlich, dass so wenig Europäer in China unterwegs sind. Ich genieße die Fahrt, weil da am Straßenrand einfach so viel zum Sehen ist. Wir fahren durch kleine Dörfer, passieren saftig grüne Reisfelder, rechts und links ragen die Grasberge bis 2.400 m in die Höhe und manchmal sehe ich kleine Steinfabriken, in denen die typischen Dachziegel produziert werden. Die Fabriken sorgen natürlich für viele Arbeitsplätze in dieser dünnbesiedelten Region. Fast bei jedem dritten Haus liegt ein Steinhaufen vor der Tür und das Haus selber ist von Gerüsten aus Bambus umgeben. Ich habe gehört, dass viele Familien einfach ein Stockwerk auf dem Haus weiter bauen, wenn wieder genügend Geld verfügbar ist. So schaut es natürlich aus, als ob China eine große Baustelle ist, aber es ist eine Baustelle, die noch Jahre erhalten bleiben wird. Aber das stört hier niemanden.

Nach einer kurzen Pause geht die Fahrt weiter. Ab und zu haben Gemüse- und Obst-Verkäufer ihre Läden einfach mitten auf der Straße aufgestellt und der Chauffeur muss im letzten Augenblick voll auf die Bremse treten um eine Kollision zu verhindern. Wir fahren jetzt durch ein kurvenreiches Gebiet, aber es ist nicht so schlimm, wie ich erwartet habe. Außerdem ist Romy mit den SEA-Bändern ausgerüstet. Die helfen sehr gut gegen Reiseübelkeit. Der Blick auf den Erhai-See, an welchem Dali liegt, zeigt mir, dass wir bald da sein werden. Unten am Pass angekommen, gelangen wir auf die Autobahn, die schon fertig gebaut ist und jetzt 8-spurig ist. Mir kommt es etwas übertrieben vor, aber die Infrastruktur kann nicht früh genug fertig sein. In der Mittelspur blühen die Rhododendren kräftig rot, der Himmel hingegen wird wieder zunehmend schwärzer und etwas weiter vor uns wird noch an der Autobahn gearbeitet und wir müssen zur anderen Fahrbahnhälfte wechseln. Aber der Bus vor uns nimmt die Kurve so knapp, dass er einen giftgrünen Hyundai zwischen Bus und Straßenrand eingeklemmt hat. Gottseidank nur Blechschaden, aber mit dem Resultat, dass die Durchfahrt jetzt komplett gesperrt ist. Es gibt keine Möglichkeit mehr hier durchzukommen. Aber unser Busfahrer überlegt keinen Moment. Er dreht einfach seinen Bus auf unserer 4-spurigen Seite um und fährt jetzt als Geisterfahrer gegen den Verkehr zurück. Und das aber dann gleich über einen Kilometer lang. Hupend, winkend und blinkend bahnt er sich einen Weg durch die ankommenden Autos zurück, bis er eine Möglichkeit gefunden hat, zur anderen Straßenseite zu wechseln. Da sind wir natürlich wieder für einen Kilometer Geisterfahrer. Ich verstehe jetzt nicht, wie manche Leute echt kilometerlange Strecken als Geisterfahrer zurücklegen können. Es ist ein Wahnsinn, wie die anderen Autofahrer hupen und blinken. Und zu Recht! Nach der Unfallstelle kann ich wieder tief durchatmen, so ein Abenteuer.

Wie schon gedacht, beginnt es wirklich zu regnen und gerade jetzt hält der Bus an. „Alle Passagiere für Dali bitte hier aussteigen", sagt der Busfahrer auf Chinesisch. Wir verstehen es natürlich überhaupt nicht, aber er winkt uns, dass wir aus dem Bus aussteigen müssen. Viele Buspassagiere werden von jemandem abgeholt. Nur wir zwei, die zwei Engländer und zwei chinesische Touristen stehen da, mitten auf einer verlassenen Straße und im strömenden Regen! Weit und breit ist kein Haus oder Taxi zu sehen. Nur 100 m weiter vor uns steht ein kleiner Laden, in dem wir schnell vor dem Regen flüchten. Zum ersten Mal werde ich von keinem Führer abgeholt und ich habe jetzt auch wirklich keine Ahnung, wie es weiter geht, aber ich werde schon irgendwie zum Hotel kommen. Die freundliche Dame des Ladens holt einige Sessel von hinten, damit wir sitzen können. Sie ist froh über diese unerwartete Menge an Kundschaft, obwohl sie auch versteht, dass wir nur wegen dem Regen hier sind. Aber als Gegenleistung für so viel Freundlichkeit kaufen wir eine Flasche Wasser und herrliche Apfel-Lutscher. Wir müssen alle sechs zur Altstadt und die zwei Chinesen erzählen, dass etwas weiter vorne am nächsten Straßeneck Bus Nummer zwei in die Altstadt fährt. So hat die Dame des Ladens erklärt. Wir warten noch eine halbe Stunde, bis es einigermaßen trocken wird und wandern gemeinsam durch die zahlreichen Lacken zum nächsten Straßeneck. Hinweisschilder über einen Bus finde ich hier nicht und wenn sie hier gewesen wären, hätte ich sie wahrscheinlich auch nicht lesen können. „Aber da warten mehrere Menschen", denke ich und tatsächlich fährt wenige Minuten später Bus Nummer Zwei vor. Ein ziemlich überfüllter Bus, in den wir nicht einmal einsteigen können. Der Busfahrer schreit jedoch, wie ein Irrer durch das Mikrophon, deutet nach hinten und tatsächlich kommen die Menschen etwas in Bewegung und straucheln nach hinten. Vorne entsteht etwas Platz und wir quetschen uns wie kleine Sardinen in einer Sardinenbüchse in den Bus hinein. Dann schließen die Türen und wir fahren los. Ich habe Sichtkontakt mit den zwei Engländern. Sie deuten mir, dass wir bei der fünften Haltestelle aussteigen müssen. Bereits nach der zweiten Haltestelle gelangen wir wieder in die Zivilisation und sind in einer Art Hauptstraße angekommen. Hier fahren wieder Taxis, stehen Wohnhäuser, sind Autos geparkt, spielen Kinder auf der Straße und wechseln Restaurants und Läden einander ab. Bei Haltestelle Nummer fünf steigen wir aus, verabschieden uns von den Engländern und ich halte gleich den nächsten Taxifahrer an. Er soll uns doch bitte zum Fairyland Hotel bringen. Aber er hat keine Ahnung, welches Hotel ich meine. Das Hotel steht nicht in meinem Reiseführer und ich habe den Name nicht auf Chinesisch aufgeschrieben. Jetzt stehe ich etwas hilflos da und glaube, dass es Zeit wird Li, von meiner Agentur, anzurufen. Sie hat mir immerhin ihre Visitenkarte gegeben und ich kann sie jederzeit anrufen, so hat sie zumindest gesagt. Tatsächlich bewirkt Li ein Wunder und ich steige 5 Minuten später beim Fairyland Hotel aus. Zumindest sollte hier das Hotel sein. Ich stehe nämlich in einer kleinen Gasse, in der zahlreiche Marktstände aufgestellt sind. Von der Außenseite ist das Gebäude nicht als Hotel erkennbar, weil es sehr wild ausschaut, wie eine Bruchbude oder so. Dreckig, mit Plastikfolien vor den Fenstern und von Pflanzen überwuchert. Aber als wir durch das Eingangstor das Hotelgelände betreten, erkenne ich wieder die typische Boutique-Hotel-Idee. Dieses Hotel ist nach der Bai Kultur (3 houses & 1 screen, 4 sides & 1 court, 6 harmonies of spring) gebaut und mit charakteristischen Details aus der Bai Kultur eingerichtet. Unser Zimmer ist sehr klein aber gemütlich und der Schlafbereich wird vom Badezimmer mittels einer Glaswand getrennt. Und es ist, zumindest drinnen, sehr sauber. Ich bevorzuge diese traditionellen besonderen Hotels und ziehe sie einem geräumigen Zimmer in einem 4-Sterne Hotel vor! Die bekommst du überall.

Dali ist wieder eine Stadt mit einer Mauer rundum das Zentrum. Hier leben hauptsächlich Bai Leute. Außerdem ist Dali bekannt für seine Baumwoll- und Seidenstoffe, so reihen sich hier, außer Souvenirgeschäften und Restaurants, die Kleidungsgeschäfte aneinander. Irgendwie habe ich inzwischen genug von den Städten, überall wird auch der gleiche Trödel verkauft. Dass Dali mehr touristisch ist, zeichnet sich zumindest bei den Restaurants ab. Die Menükarten kann ich nämlich lesen!! Und ich kann wieder Spaghetti, Pizza, Sandwiches und Steaks bestellen. Nach zwei Wochen Nasi Goreng und Mc Donalds eine herrliche Abwechslung!

Panda Breeding Center in Chengdu

Wenshu Tempel in Chengdu

Typisch Chinesisches Courtyard Hotel

Strassenbild Lijiang – ein großes Shoppingparadis

Fischmarkt am Erhai See

Eine Bai Frau aus Haidao, Erhai See

Der versteinerte Wald in Kunming

Mit dem Schiff von Guilin nach Yangshuo

Erhai See

Dali liegt am ohrförmigen Erhai See auf 1700 m Seehöhe und rund um den See passiert so einiges. Laut meinem Lonely Planet Reiseführer starten hier die Fähren zum anderen Seeufer. In den kleinen Orten, die sich rund um den See befinden, findet jeden Tag irgendwo anders ein Markt statt. Heute möchten wir so einen lokalen Markt besuchen und lassen uns mit einem Taxi zum Hafen bringen. Hier erfahre ich, dass das Boot heute nach Haidao fährt. Eigentlich wollte ich nach Wasa, aber da gibt es heute anscheinend doch keinen Markt. Und hier gilt das Prinzip: Kein Markt, kein Boot. Noch mehr überrascht bin ich, als die Überfahrt flotte 180 Yuan pro Person kost. Das finde ich relativ viel Geld für eine Überfahrt. Trotzdem zahle ich den Betrag, wir möchten immerhin zur anderen Uferseite. Auf dem Boot warten bereits einige anderen Touristen. Kurz habe ich Sichtkontakt mit dem Kapitän im Steuerhaus… ich gehe einfach davon aus, dass wir die andere Uferseite erreichen werden. Der Antrieb wird schon länger so desolat ausschauen. Auf dem Wasser ist immer viel zu sehen und in einer knappen Stunde stehen wir, schneller als erwartet, in Haidao. Haidao ist eine vorgelagerte Insel und heute wird hier ein kleiner Fischmarkt abgehalten. Der Kapitän sagt, dass er hier auf uns wartet. Inzwischen habe ich verstanden, dass das Boot keine Fähre ist, sondern ein Ausflugsboot. Deswegen der hohe Preis. Wir können eine Stunde auf dem Markt herumbummeln und werden gleich von einigen Bai Frauen begrüßt. Die Bai Frauen sind wunderschön gekleidet und tragen dunkle Kleidung mit unterschiedlichen Farben. Auf vielen dieser Kleidungsstücke ist eine Kamelie angebracht. Diese Blume symbolisiert die Schönheit. Sehr oft werden ein roter Schal und eine weiße äußere Schicht getragen, um es wie eine aufblühende Kamelie aussehen zu lassen. So auch bei dieser Dame. Außerdem bevorzugen viele Bai Leute die Farbe Weiß, weil diese Farbe einen hohen sozialen Status und auch Reichtum symbolisiert.

Obwohl Schwein die Hauptnahrung der Bai ist, werden Bai Leute, die in der Nähe von einem See oder einem Fluss leben, oft jede Menge Fisch in ihrer Nahrung verarbeiten und sie sind Experten darin, den Fisch in vielen verschiedenen Variationen anzurichten. Auf dem Markt werden nicht nur frische Fische verkauft. Da wird auch gekocht. Kleine frittierte Krebse am Spieß, panierte Sardinien oder so, gekochte Garnelen und gebackene Kartoffeln. Es riecht fantastisch und alles schaut herrlich aus. Ich kaufe einige gebackene Kartoffeln, die genau so wunderbar schmecken, wie sie ausschauen. Die Bai Leute sind extrem gastfreundlich und auch wir werden herzlich empfangen und freundlich behandelt. Direkt hinter dem Markt wandern wir in das Dorf hinein. Es gibt zwei grundlegende Arten von Bai Häusern: das Sanfang Yizhaobi, das im Zentrum einen Innenhof hat, vom Innenhof aus Räume auf drei Seiten und eine Mauer, welche das Licht von der vierten Seite her reflektiert. Da ist auch noch das Sihe Wutiangjing Haus, das ein Zusammenbau von vier unterschiedlichen Häusern ist, jedes an einer Ecke um den großen Innenhof im Zentrum. Nur um in den Innenhof zu gelangen, müssen wir durch eine Türe gehen, die eigentlich immer verriegelt ist. Leider habe ich keine Möglichkeit gefunden, irgendwo heimlich rein zu schauen und einfach so hinein marschieren, möchte ich auch nicht. Inzwischen sind noch einige Touristenboote aus den anderen Dörfern nach Haidao gekommen und es wird auf dem kleinen Markt langsam voll. Zeit für uns wieder zu gehen.

Die nächste Station ist ein kleiner Tempel, welcher am Festland majestätisch oben auf einem Hügel gelegen ist. Dieses Mal haben wir nur eine halbe Stunde Zeit. Es wird ein Wettlauf gegen die Zeit, weil wir zuerst die zahlreichen Stufen zum Tempel hinauf wandern müssen. Auf den Stufen haben die Bai Frauen ihre Waren ausgestellt und halten uns immer wieder an um Produkte zu kaufen. So kommen wir nicht weiter! Sie verkaufen nicht nur Souvenirs, sondern auch Esswaren, kalte Getränke und Weihrauch. Natürlich kaufen wir wieder einige Stäbchen, dieses Mal ganz dicke Stäbchen, und eilen zum Tempel. Vor dem Tempel steht ein Baum, in dem tausende rote Schleifen hängen. Es sind Glücksbringer mit Wünschen von Einheimischen aber auch von Touristen darauf geschrieben. Der Baum schaut sehr fröhlich aus, wie ein Weihnachtsbaum! Ich habe übrigens noch nicht viel über die Touristen in China erzählt. Alles was irgendwie weiß ist oder europäisch ausschaut, ist an einer Hand zu zählen. Trotzdem wimmelt es in den

Orten von Touristen. Hauptsächlich Chinesen, aber auch aus anderen asiatischen Ländern. Und, so wie wir es aus Europa kennen, sind sie praktisch nur gruppenweise unterwegs und wird die Truppe von einem Führer mit flatternder Fahne geleitet. Hier im Süden Chinas tragen die Führer die traditionelle Tracht: eine dunkle Hose, eine weiße lange Bluse und eine hoffentlich gefälschte Pelzhaube. Wenn wir Glück haben, baumelt ein Ohr-Mikrophon vor seinem Mund. Dann gehört der Führer zu einer modernen Firma und haben seine Gäste Ohrstöpseln im Ohr, durch welche der Führer sicherlich laut und deutlich hörbar sein muss. Wenn der Führer zu einer etwas altmodischen Firma gehört, trägt er portable Boxen als eine Art Handtasche mit sich mit und dann kann die ganze Straße, manchmal das ganze Dorf, mitverfolgen, was der Führer zu erzählen hat! Und sie trödeln ohne Ende, weil bis jeder jeden auf dem Bild hat... das dauert ewig! Wir haben noch fünf Minuten, bis das Boot losfährt und rennen die Stiegen wieder hinunter. Rechtzeitig springen wir an Bord und fahren gemütlich nach Dali zurück. Der Ausflug hat sich auf jeden Fall ausgezahlt.

Vom Anlegeplatz ist es etwas schwieriger wieder nach Dali zurück zu kommen. Da stehen keine Taxis bereit, bleibt uns nichts anderes übrig und wir wandern gemütlich zur Hauptstraße zurück. Noch vor der Hauptstraße sehe ich plötzlich links einen Bus mit der Nummer zwei darauf. „Dali?", frage ich den Busfahrer und er nickt. „Komm, Romy, wir nehmen den Bus", sage ich und zahle den Chauffeur 1 Yuan pro Person. Noch billiger geht fast nicht! Ein ziemlicher Kontrast zum Ausflugsboot.

Das Guyana Café ist inzwischen unser Stammcafé geworden. Der Besitzer ist voll nett, spricht gut englisch und serviert leckeres Essen. Romy bestellt eine Pizza und ich genieße einen Thunfisch-Salat. Und ein Cappuccino darf natürlich nicht fehlen. Am Nachmittag möchten wir wieder eine Runde mit dem Rad fahren. Die Stärkung im Café ist dafür natürlich notwendig, aber vor allem sehr lecker! An der Hauptstraße, direkt neben unserem Hotel, werden außer den Fahrrädern auch Tandemräder vermietet. Für 40 Yuan bekommen wir für 4 Stunden nicht nur das Rad mit, sondern auch einen Stadtplan und ein wahnsinnig großes Schloss. Keine Ahnung, ob Fahrräder oft geklaut werden, aber ich muss der Dame versprechen, das Schloss zu verwenden. Sie, dahingegen, verspricht mir, dass ich genau die gleichen Geldscheine, die ich ihr für die Kaution gebe, zurück bekomme und sie schreibt behutsam die Geldscheinnummer auf den Mietvertrag. Wie lustig kann China noch sein?

Nicht weit von Dali befinden sich in malerischer Lage am Fuß des Berges Cangshan die drei Pagoden. Sie gelten als Wahrzeichen der Stadt und blicken auf eine mehr als 1800 jährige Geschichte zurück. Wir passieren zuerst die Stadtmauer, radeln gemütlich an der Hauptstraße entlang und sehen die drei Pagoden schon in der Ferne liegen. Obwohl es am Straßenrand eine Art Pannenstreifen gibt, auf dem die Radfahrer unterwegs sind, bin ich froh, dass Romy hinter mir auf dem gleichen Rad sitzt. Der übrige Verkehr rast nämlich auf der Hauptstraße an uns vorbei und ich kann die Fahrkünste der Chinesen echt nicht einschätzen. Als wir sicher auf dem Parkplatz bei den Pagoden ankommen, stelle ich das Rad ab und befestige es mit dem Mega-Schloss an einem Zaun. Versprochen ist Versprochen! Im angrenzenden wunderschönen Park liegen die drei unabhängig voneinander gebauten Pagoden und bilden ein symmetrisches Dreieck, was es sonst so in China nicht gibt. Gemeinsam mit der Großen Wildganspagode aus Xi'an und der Zhaozhou Brücke, gebaut südlich der Stadt Zhaoxian, zählen die Pagoden zu den drei Kuriositäten der alten chinesischen Architektur. Die mittlere Pagode, die Qianxun Pagode, ist mit einer Höhe von 69 m eine der höchsten Pagoden aus der Tang Dynastie (618-907). In ihr wurden zahlreiche Buddha-Statuen aus unterschiedlichen Materialien sowie buddhistische Schriften und viele andere wertvolle Relikte gefunden. Es ist inzwischen herrlich warm geworden, der Himmel wunderschön blau und ich finde, dass wir uns ein Eis verdient haben. Mitten im Park befindet sich ein kleiner Souvenirladen, in dem auch Eis verkauft wird. Wir setzen uns in den Park und statt Relikte und Schriften anzuschauen, genießen wir auf einem schattigen Sitzplatz das Eis und das außergewöhnliche Ambiente.

Nach der Stärkung radeln wir noch eine Runde rundum die Stadt, dann bringe ich das Rad zurück und bekomme tatsächlich die gleichen Geldscheine retour! Ab geht es ins Hotel. Das Gepäck muss wieder ordnungsgemäß eingepackt werden. Morgen fliegen wir nach Kunming.

Dubioses Labyrinth

China Eastern wird kurz nach neun abheben und damit wir den frühen Flug nicht verpassen, müssen wir zeitig aufstehen. Das Ziel ist der versteinerte Wald von Shilin, etwas außerhalb von Kunming. Ich habe sowohl positive als auch negative Berichte über diese Sehenswürdigkeit gelesen. Manchmal muss man es einfach selbst anschauen um sich ein besseres Bild davon zu machen, deswegen stehen wir knappe 40 Flugminuten später bereits am nigel-nagel-neuen Flughafen von Kunming. Der alte Flughafen lag mitten in der Stadt. Dieser neue Flughafen wurde vor einem Monat eröffnet, liegt außerhalb der Stadt und ist fast dreimal so groß, wie der alte. Ja, China dehnt sich langsam aus!

Der Name versteinerter Wald ist etwas irreführend. Es ist nämlich kein Wald sondern Karstfelsformationen. Das Kalkgestein ist durch Wind und Regen abgetragen. Übriggeblieben sind bizarre Säulen und ein dubioses Labyrinth von kleinen Gassen, Winkeln und Ecken. Hu, unser neuer Führer, holt uns vom Flughafen ab und wird uns später durch das Labyrinth führen. Seit 2007 fällt der Wald auch unter den Schutz der UNESCO und nur schon deswegen sind einige Baumaßnahmen notwendig gewesen. So liegt der neue Eingang 2 Kilometer weiter vom Haupteingang entfernt und hier steht jetzt eine enorme Schlange. Damit du bequem zum Haupteingang gelangst, kannst du die Fahrt mit einem verlängerten Golf-

Caddy machen. Ich finde, dass die Warteschlange zu lange ist und möchte zu Fuß zum Eingang wandern. Da trifft uns dann der Schlag. Da sind so viele Menschen unterwegs, ein Wahnsinn! Hu fragt, ob wir die Hauptroute wandern möchten, oder eine ruhigere Strecke, die, seiner Meinung nach, etwas weniger spektakulär ist. Ich schreie fast: „Eine ruhige Strecke bitte!" Und tatsächlich wandern wir fünf Minuten später ganz alleine durch das Labyrinth. „Gut gemacht, Hu!", lache ich ihm zu. Um jede Ecke gibt es neue bizarre Formationen oder fantastische Aussichten. Ich finde es überhaupt nicht langweilig! Ab und zu müssen wir uns ducken und sogar den Rucksack abnehmen um unter den Felsen durch zu schlüpfen. Es ist eigentlich ganz lustig. „Die Felsen lagen in der Dinosaurier Zeit im Ozean unter Wasser", erzählt Hu und zeigt uns die Korallenfossile, die teilweise in den Felsen zu sehen sind. Der schmale Wanderweg führt hinauf und hinunter, manchmal an Felsbrocken vorbei, die gefährlich zwischen zwei Säulen hängen und drohen, hinunter zu fallen. Ich weiß nicht, wie die Hauptroute ausschaut, aber ich finde es hier wirklich sehr spektakulär und der Wald ist sicherlich mit Kindern einen Besuch wert. Romy hat jedenfalls großen Spaß beim Wandern und kriecht immer wieder unter Felsen durch. Ich weiß nicht, außer der Überzahl an Touristen, was hier negativ sein soll. Aber um diese Touristen zu meiden, solltest du einen Führer nehmen. Dazu sind sie da! Aber nicht nur um den Menschenmassen auszuweichen, sondern auch um dich nicht zu verirren. Weil das kannst du hier gut. Aber echt unheimlich kann es nicht werden. Überall sind

Kameras aufgestellt und wir kommen regelmäßig an sogenannten SOS-Plätzen vorbei. Hier hängen ein Lageplan, damit du den Ausgang wieder findest und ein Telefon, damit du um Hilfe rufen kannst.

Kunming hat sonst nicht viel zu bieten. Der Park im Norden der Stadt sollte noch sehr schön sein, wir freuen uns eher auf das Hotel mit Schwimmbad und fahren nach Kunming zurück. Wir beziehen im Golden Dragon Hotel ein luxuriöses Zimmer im 12. Stock. Ich habe in der Stadt keine niedlichen Boutique Hotels gefunden, deswegen ein großes Hotel. Ich bin normal kein Fan von diesen Bunkern. Und als ich aus dem Fenster schaue, sehe ich nur Beton vor mir! Und die größte Enttäuschung ist, dass das Schwimmbad außer Betrieb ist! Also schnell ab ins grüne Karstgebirge!

Flusskonzert

Am nächsten Morgen fahren wir über die Autobahn zurück zum Flughafen. Es fällt mir ein, dass ich noch nicht viel über die chinesischen Autobahnen erzählt habe. Und es hört sich vielleicht etwas unglaubwürdig an, aber vor zehn – fünfzehn Jahren hat in ganz China, außer in Beijing und Shanghai, noch niemand von einer Autobahn gehört. Die Einheimischen bei uns in der Region sind mit neuen Verkehrssituationen wie Kreisverkehren überfordert, die Chinesen dahingegen mit der Technologie Autobahn. So kann es dir passieren, dass Fußgänger die Autobahn überqueren. Kannst du dir das auf der Autobahn zwischen München und Nürnberg bei einem 130-er vorstellen? Vor einigen Jahren sind die Menschen noch vom einen zum anderen Dorf gewandert. Jetzt quert die Autobahn die Strecke und die Menschen werden sicherlich denken: „Wir sind jahrelang diese Strecke gewandert, das werden wir, trotz Autobahn, einfach so weiter machen." Ob es gefährlich ist oder nicht, ist dabei egal. Auch Radfahrer sind auf den Pannenstreifen unterwegs, sowie Pferdekutschen und Ochsenkarren. Ein LKW-Fahrer hält einfach auf der ersten Spur an und parkt das Fahrzeug dort, weil er pinkeln muss. Gemüseverkäufer haben ihre Waren auf einem Tisch ausgestellt und biwakieren auf dem Pannenstreifen. Und über unseren Busfahrer, der auf der Autobahn als Geisterfahrer unterwegs war, habe ich bereits berichtet.

Unfassbar, oder? Weil auch unser Tacho die Hundertergrenze überschreitet! Und damit die Autobahnen finanziert werden können, muss natürlich Maut bezahlt werden. Etwas worüber unser Führer doch gemischte Gefühle hat. „Weil die Autobahnen für die Touristen benötigt werden und wir es finanzieren", sagt Hu. Na ja, so ganz stimmt das natürlich nicht. Ich zahle immerhin für den Transfer und in dem Betrag wird die Maut sicherlich verrechnet werden. Hu ist sowieso etwas negativ eingestellt. Obwohl er sein Geld mit dem Herumführen von Touristen verdient, findet er, dass die Touristen alles teuer machen. Ich bitte aber nicht darum, für Sehenswürdigkeiten und Serviceleistungen „viel" Geld zu zahlen. Außerdem wird er bei mehr Arbeit auch mehr Geld haben wollen, oder? Die gesamte Entwicklung in China wird ihm, und vielen anderen Menschen, wohl zu schnell gehen.

Der Flug hat eine Stunde Verspätung. Die Inlandsflüge funktionieren übrigens relativ gut und die Maschinen sind meistens restlos ausverkauft. Wir warten beim Gate und stoßen auf eine holländische Reisegruppe. Wir haben die Reiseleiterin schon in Xi'an auf dem islamitischen Markt getroffen und eine Familie der Gruppe in Dali, beim Guyana Café. Wir wechseln wieder Informationen aus, so wie das oft geht, wenn du andere Touristen triffst, und bekommen von Mirjam, der Reiseleiterin, einige Tipps über das Schwimmen. Die Gruppe hat viele Kinder dabei und auch hier ist das Schwimmen ein Thema geworden. Sie erzählt, dass sie mit der Gruppe in Chengdu in einem öffentlichen Schwimmbad war. In

Yangshuo können wir im Li River Hotel schwimmen gehen, in Kunming sollte es im Tuodong Hotel ein Schwimmbad geben. Die Gruppe war in Xi'an auch schwimmen, nur weiß Mirjam nicht mehr, in welchem Hotel das war. Für uns sind die meisten Informationen zu spät, aber es sind hilfreiche Tipps für meine Gäste.

Eine Stunde später als geplant landen wir in Guilin. Guilin bedeutet wortwörtlich Zimtwald und anscheinend sind Zimttee und Zimtwein lokale Spezialitäten. Rao ist ein 25-jähriges Mädchen und unsere Reiseleiterin für die nächsten Tage. Als wir den Flughafen verlassen, ist es bereits 20.30 Uhr. Ich bin froh, dass wir in Guilin übernachten und nicht gleich nach Yangshuo weiter gefahren sind, so wie viele andere Reiseveranstalter es machen. Bis dahin sind es nämlich noch 2,5 Stunden Autofahrt. Wir dahingegen, stehen in 20 Minuten beim Hotel. Ein Hotel mit Schwimmbad!!! So eine Überraschung, weil wir es hier nicht erwartet hätten. Egal, wie spät es ist. Da müssen wir jetzt gleich hinein.

Ich glaube, es war 1994, als ich eine Gruppe nach Orlando, Florida begleitet habe und völlig perplex am Boden eines Kuppelkinos im Epcot Center lag. Nicht, dass ich umgekippt bin, nein, der Film wurde auf der runden Kuppeldecke abgespielt und du siehst die Bilder einfach am besten, wenn du dich am Boden hinlegst. Und so bin ich damals mit meiner Gruppe am Boden gelegen und wir haben einen Film über das Karstgebirge in China angeschaut. Die Bilder waren so beeindruckend, so fantastisch, dass ich am Ende des Films gedacht habe:

„Da möchte ich irgendwann hin." Heute ist es so weit und ich begebe mich mitten in das fantastische Karstgebirge! Am Anlegeplatz steigen wir mit Rao an Bord eines Schiffes und im Touristen-Konvoi mit noch sicherlich 30 anderen Booten hinter uns, werden wir die 80 km über den Li Fluss nach Yangshuo zurücklegen. Vor mir spielt sich jetzt der Film aus dem Epcot Center live ab. Es ist brennend heiß, die Temperatur steigt bis über 35 °C, nur vorne auf dem Deck erhascht du etwas Wind und es ist einigermaßen auszuhalten. Die Alternative ist der klimatisierte Innenraum. Nein, ich genieße die Hitze und das tolle Ambiente des Karstgebirges und habe einen behaglichen Platz ganz vorne auf dem Deck mit Aussicht auf die fabelhaften Berge gefunden. Durch die Reaktion von Regenwasser mit Kohlendioxid in der Luft entsteht Kohlensäure, welche zur Erosion des Gebirges geführt hat. Die Säulen sind fast alle mit Hohlräumen versehen. Die Decken mancher Räume sind eingestürzt, aber die steilen Felswände sind stehen geblieben. So ist das Karstgebirge entstanden. Wenn wir bei einem „besonderen" Berg vorbei fahren, schreit eine weibliche Stimme unverständlich, erst auf Chinesisch, danach auf Englisch, durch das Bord-Mikrophon. Sobald diese Stimme spricht, taucht auch Rao wieder auf um die Informationen für Romy auf Deutsch zu übersetzten. Meistens sind es Figuren, die im Berg ersichtlich sind oder schaut der Berg, mit viel Fantasie, aus wie eine Katze oder so. Ein Bergmotiv ist sogar auf einem 20 Yuan Schein abgebildet. Rao sitzt den Rest der Zeit im gekühlten Innenraum. „Sonst wird meine Haut zu braun", sagt sie. An Bord ist eine kleine Außen-Küche, die sich am Ende des Schiffs befindet. Wir haben sozusagen Aussicht auf die Küche vom Vordermann-Schiff und sehen, was und wie gekocht wird. So kommt das Wasser, welches zum Kochen benötigt wird, direkt aus dem Fluss. Gekocht wird in großen Woks und Töpfen. Erstaunlich ist, dass in der kleinen Küche so viele Gerichte gekocht werden und auch noch gleichzeitig aufgetischt wird. Wir können nämlich aus zwanzig verschiedenen Gerichten vom Buffet aussuchen. Ich liebe chinesisch, koche es selbst auch gerne, aber so wie es hier schmeckt... köstlich!

Nach vier Stunden erreichen wir Yangshuo. Diese Region ist natürlich bekannt für seine Kormoran-Fischer und dadurch sehr touristisch. Als wir das Schiff verlassen, warten die Fischer mit ihren Kormoranen bereits am Ufer und du kannst dich mit den Tieren fotografieren lassen. Nichts für mich! Unser Chauffeur hat die Strecke von Guilin nach Yangshuo mit dem Auto zurück gelegt und das Gepäck mitgenommen. Wir haben nur einen kleinen Rucksack dabei und wandern mit Rao gemütlich vom Anlegeplatz über den Souvenirmarkt und durch die Hauptstraße zum Hotel. Vor allem hier, am Ende des Tales und in den kleinen Gassen ist es erstickend heiß. Die hohe Luftfeuchtigkeit sind wir nach all dem Regen nicht mehr gewöhnt, trotzdem ist die Sonne besser als der ständige Niederschlag! Das Ai Yuan Hotel ist sicherlich nicht das beste Hotel von Yangshuo, aber es ist sauber und liegt sehr zentral, direkt an der Hauptstraße. Wir bekommen ein ruhiges Zimmer an der Rückseite, ganz oben befindet sich das Restaurant mit schöner Panoramaaussicht über das Karstgebirge.

Am Nachmittag wandern wir durch das Dorf. Ich habe beim Vorbeigehen eine tolle Handtasche gesehen und weil ich wirklich eine neue brauche, möchte ich hier nochmals vorbei schauen. Meine Handtasche ist sicherlich acht Jahre alt und bekommt langsam Zeichen der Alterung. Manche Frauen werden das Alter der Tasche als prähistorisch alt bezeichnen und ich brauche also kein schlechtes Gewissen zu haben, endlich eine neue Tasche zu kaufen. Romy ist von dem Werbefilm, der am Fernseher beim Nebenstand abläuft, begeistert. Hier werden Haarspangen verkauft, die wir noch nicht gesehen haben. Du kannst die Haare auf viele verschiedene Arten hochstecken und sie will unbedingt so eine Haarspange haben. Langsam gehen ihre 50 Euro zu Ende, aber sie ist gut damit umgegangen, hat für alle Freundinnen ein Geschenk gekauft und wird wahrscheinlich mit dem Betrag auskommen.

Rao holt uns nach dem Abendessen ab. Sie hat uns Karten für die Impression Liu Sanjie Show organisiert. Der bekannte Filmemacher Zhang Yimou, der auch die Eröffnungsfeier der Olympischen Spiele 2008 in Peking gestaltet hat, führt auch Regie bei dieser Show. Seit 2003 haben 1000 Menschen pro Abend diese Show gesehen, 7 Tage die Woche. Unfassbar oder? Die Darsteller sind Kinder, Frauen, Bauern und Fischer aus dem Ort und jeden Abend treten insgesamt beeindruckende 600 Personen auf. Die Bühne befindet sich in, um, neben und auf dem Li Fluss, Kulisse ist das Karstgebirge selbst. Die Show beginnt schon spektakulär mit den Booten der Kormoran-Fischer. Ich versuche die Boote zu zählen, aber bei zweiundsechzig verliere ich den Draht. Eigentlich ist es ein Bambusfloß, auf dem die Männer stehen. Über das Wasser sind 100 m lange rote Tücher gespannt, die Teil der Performance sind. In Reihen hinter- und nebeneinander bewegen die Männer das Tuch rhythmisch zur Musik auf oder ab, wodurch ein tolles Muster entsteht. Auch das Ende der Show ist spektakulär, weil es so aussieht, als ob 150 Frauen quasi über das Wasser laufen. Natürlich schwimmt eine bewegliche Bühne knapp unter der Wasseroberfläche, auf der die Frauen gehen. Aber von der Tribüne aus, siehst du das nicht. Dann wird alles dunkel und die Lichter, die in die Damenkleidung eingenäht sind, werden entzündet. Hunderttausende Lichter brennen, flackern und tanzen im Takt der Musik. Das Publikum ist entzückt und auch wir klatschen uns am Ende die Hände rot. Fantastisch und absolut empfehlenswert!

Wasserpistole

Rao hat für uns einen Ausflug durch das Hinterland organisiert. Wir steigen in den bereit stehenden verlängerten Golf-Caddy, in dem normalerweise zwölf Personen Platz haben. Wir haben das Fahrzeug für uns alleine und lassen Yangshuo gleich hinter uns. Eigentlich wollte ich hier eine Wanderung oder eine Radtour machen, aber bei dieser Hitze ist ein offenes Auto doch eine komfortablere Lösung. Die Landschaft ist saftig grün, wir fahren an vielen Reisfeldern vorbei, vereinzelt stehen bizarre Felsformationen einfach in den Feldern herum und sind kleine Dörfer am Fuße des Felsen gebaut. Immer wieder bleiben wir stehen, damit Rao etwas mehr über das Leben am Land erzählen kann. „Der größte Teil der Bauern gehören hier zu den Zhuang, Dong und Hmong Minderheiten." „Und", so erzählt Rao weiter, „diese Minderheiten haben auf dem Land doch einige Vorteile gegenüber den Menschen in der Stadt." „So dürfen die Menschen hier, wenn das erste Kind ein Mädchen ist, ein zweites Kind haben", sagt sie. Der Grund dafür ist, dass Mädchen nicht auf den Feldern helfen können. China ist natürlich bekannt für seine Ein-Kind-Politik, Rao kommt aber aus einer reichen Familie und sie ist das älteste Kind. Ihre Eltern sind keine Bauern, trotzdem hat sie noch eine Schwester und zwei Brüder. Ihre Eltern haben einfach viel Geld bezahlt. Der älteste der zwei Brüder studiert gerade und Rao zahlt die

Kosten für seine Ausbildung. Ihre Ausbildung, sie hat Germanistik studiert, ist von ihren Großeltern bezahlt worden. Seit sie selbst Geld verdient, zahlt sie nicht nur die Ausbildung für ihren Bruder, sondern zahlt auch ihre Schulden den Großeltern zurück. Sie erzählt auch, dass Mädchen mit weinigeren Punkten im Zeugnis trotzdem zur Universität dürfen und sogar weniger Steuern zahlen.

Direkt neben der Straße arbeitet eine Frau auf dem Feld. Sie ist gerade dabei die Erdnüsse zu ernten. Barfuß steht sie in der Erde, wühlt mit einer Art Schaufel im Boden und holt die Erdnüsse raus. Sie steht dabei den ganzen Tag nach vorne gebückt. Schwerstarbeit, da bin ich mir sicher! Aber die Frau ist sehr nett und Romy darf ihr bei der Ernte helfen. Mit einer Hand voll selbst geernteter Erdnüsse steigen wir wieder in unser Mobil und fahren weiter durch die Landschaft. Wir bleiben noch einige Male stehen, schauen bei der Reisernte zu, wandern entlang Feldern mit Sojabohnen, Chilis, Langbohnen und Sesam. Ich habe noch nie gesehen wie Sesam wächst. Im Moment haben die Pflanzen auch noch ihre Blüten, so weiß ich noch immer nicht, wie das „Zwischenprodukt" ausschaut. Das Endprodukt kenne ich, das steht immerhin bei mir in der Küche. Rao macht diese Tour öfters und kennt eine Hmong-Frau, die ihre Haustüre für Touristen öffnet. Sie ist 93 Jahre alt, für chinesische Begriffe eine gewaltige Leistung und wohnt immer noch selbstständig! Ihr Mann ist schon gestorben, sie war damals 32 Jahre, und blieb mit zwei Kindern zurück. „Mein Sohn ist etwas rebellisch", erzählt sie besorgt.

„Aber meine Tochter ist Krankenschwester und arbeitet im Krankenhaus von Guilin." Es muss ihr sicherlich große Sorgen machen, wenn das erwachsene Kind den falschen Weg eingeschlagen hat. Ihre Tochter kommt sie aber öfters besuchen und versorgt sie mit Essen und Geld. So geht das in China, die Kinder versorgen die Eltern. Hast du keine Kinder, dann bekommst du eine Mini-Pension von der Regierung. Für uns undenkbar, oder? „Ich bin nur sehr einsam", erzählt sie weiter. Sie spricht ein Hmong Dialekt. Rao kann nicht alles, was die Frau erzählt, verstehen, aber es ich auch ziemlich viel, was die Dame erzählt. Sie blüht durch unseren Besuch wirklich auf. Wir bleiben aber nicht so lange, wir haben heute noch etwas Spannendes vor.

Ein Seitenfluss der Li heißt Yulong. Er ist nicht so breit und tief wie die Li und hat viel weniger Strömung. Mit diesen angenehmen Voraussetzungen werden wir mit einem Bambusfloß eine Fahrt über den Yulong Fluss in Angriff nehmen. Auf jedem Floß sind in der Mitte zwei Liegenstühle montiert, darüber ist ein farbenfroher Schirm aufgespannt. Wenn du diese Tour gleich in der Früh buchst, ist hier die Hölle los. Rao hat uns empfohlen, zuerst die Tour ins Hinterland zu machen. Wenn wir dann später mit der Floßfahrt beginnen, ist die Stoßzeit bereits vorbei. Obwohl sie recht hat, sind trotzdem noch genügend Floße auf dem Fluss unterwegs. Bevor wir auf das Floß steigen, müssen wir uns zuerst das wichtigste Utensil besorgen: eine Wasserpistole! Die Reiseleiterin Mirjam hat uns erzählt, dass es üblich ist, dass die Passagiere der Boote einander mit einer Wasserpistole bekämpfen. Somit sind wir für den Kampf gerüstet!

Ich mache es mir auf dem Liegenstuhl gemütlich und als ich meine Kamera aus der Tasche hole, deutet unser Bootsmann, dass ich die Kamera gleich wieder einpacken soll. Vor mir sehe ich eine ... ja wie nennt man sowas? Eine Stromschnelle? In jeden Fall liegt das Wasser vor uns eine Stufe tiefer, als da wo wir uns jetzt befinden. Wir müssen mit dem Floß über eine Kante auf einer Treppe hinunter rutschen. Der Führer erklärt noch, dass wir Position nehmen müssen, weil da vorne steht... aha, eine Kamera! Und gleich geht es los, wir rutschen die Treppe hinunter, lachen in die Kamera und bevor ich es bemerke, steige ich mit einem 7 Euro teuren aber dafür laminierten Action-Foto wieder auf das Floß. Big Business hier!

Gemütlich fahren wir den Fluss hinunter, die traumhaften Karsthügel immer am Horizont und das tägliche Leben der Bauern direkt am Ufer neben uns. Am gleichen Ufer waschen Frauen ihre Kleidung, ein Bauer lässt seine Enten im Fluss schwimmen, ein Wasserbüffel grast vor sich hin und Kinder spielen und hüpfen im Wasser. Die grüne Landschaft und das leise Rauschen des Wassers wirken beruhigend, gemütlich sitze ich im Liegestuhl und lasse mich von der Sonne wärmen. Romy hat inzwischen ihre Kleidung ausgezogen. Sie sitzt im Bikini vorne auf dem Floß und lässt ihre Beine ins warme klare Wasser des Flusses hinunter baumeln. Die Wasserpistole ist natürlich ein tolles Spielzeug und Romy spritzt einfach vor sich hin. Im Moment sind wir alleine auf dem Wasser, da ist noch kein „Opfer-Boot" in der Nähe. Auf dem Wasser treiben Plattformen auf denen sich kleine Restaurants oder Fotostudios befinden. Hier kannst du dich in der traditionellen Tracht der Hmong verkleiden und fotografieren lassen. Manchmal kommen andere Floß-Boote längsseits um gekühlte Getränke, Esswaren oder Souvenirs zu verkaufen. Und die kleinen Stromschnellen haben wir langsam voll im Griff. Sie sind überhaupt nicht gefährlich und es ist echt lustig, sie zu bewältigen. Romy bleibt dabei sogar vorne auf dem Floß sitzen. Langsam werden wir von anderen Booten überholt und gleich geht die Wasserschlacht los. Irgendwie ist es doch komisch einfach wildfremde Menschen mit der Pistole nass zu schießen. Aber da bleibt dir nichts anderes übrig! Zwei Stunden lang genießen wir das tolle Ambiente und die größeren und kleineren Wasserschlachten, dann deutet unser namenloser Führer auf ein treibendes Restaurant und reibt sich dabei seinen Magen. „Nein, wir haben keinen Hunger", sage ich zu ihm. Außerdem gehen wir gleich nach der Fahrt mit Rao irgendwo Mittagessen. Trotzdem hält er an und steigt aus. Aha, jetzt verstehe ich es. ER will etwas essen! Für uns eine gute Gelegenheit ins Wasser zu springen. Ich ziehe mich auch schnell um und springe Romy hinterher. Das Wasser des Flusses ist fein warm, ziemlich klar und das Schwimmen sorgt für eine angenehme Abkühlung. Es ist einfach herrlich! Die vorbeifahrenden Chinesen schauen uns sehr komisch an. Ich glaube, dass die meisten nicht einmal schwimmen können…

Rao sitzt im Schatten eines Baumes am Ufer und wartet schon auf uns. Wir ziehen in den Toiletten schnell die nassen Sachen aus, dann fahren wir nach Yangshuo zurück. Laut Lonely Planet sollte das Cloud 9 Restaurant Kochkurse anbieten und zugleich ein ausgezeichnetes Restaurant sein. Und ausgerechnet dort bringt Rao uns jetzt hin, es liegt sogar schräg gegenüber von unserem Hotel. Eine Gruppe Holländer und eine französische Familie, welche beiden auch in unserem Hotel wohnen, haben gerade Dumpling, Satey und andere leckere Sachen gekocht und dürfen jetzt alles aufessen. Es scheint genauso gut zu schmecken, wie das Essen ausschaut. Vielleicht eine Idee für morgen, so einen Kurs zu buchen.

Moondance

In Chengdu haben wir mit einer holländischen Familie gesprochen und den Tipp bekommen, dass das Moondance Resort ein schönes und familienfreundliches Hotel sein sollte, mit Schwimmbad! Den Kindern hat es dort am besten gefallen. Es ist auch bei TRAVELKID so, dass das Kind, entscheidet, ob die Rundreise kindergerecht ist oder nicht. Mit der Adresse des Resorts ausgestattet fragen wir bei unserer Rezeption, ob sie nachfragen können, ob wir heute im Moondance schwimmen dürfen. Und wir dürfen. Die freundliche Dame der Rezeption erklärt noch, wie wir dort hinkommen können. In zehn Minuten mit dem Taxi oder in dreißig Minuten mit dem Fahrrad. Romy entscheidet sich für die sportlichere Art. Mit Schwimmsachen, Handtüchern und Straßenkarte wandern wir in das Dorf hinein und suchen uns einen Fahrrad-Anbieter. Es gibt so viele Anbieter, aber nicht überall bekomme ich ein Tandemrad. Und ich finde es einfach sicherer und zugleich lustiger, mit dem Tandem zu fahren. Also los geht es, mit Tandemrad auf der Hauptstraße nach links, mit der ersten Kurve nach rechts, dann immer gerade aus. Der Kreisverkehr ist schon eine Herausforderung. China hat ganz normal Rechtsverkehr, das ist nicht das Problem. Aber die Anzahl der Verkehrsteilnehmer! Ich suche einfach eine Lücke und dahin geht's. Es bleibt für mich unverständlich wer Vorrang hat und wie die Verkehrsregeln sind. Es schaut nach wie vor so aus, als ob das Recht der am lautest Hupenden gilt. Jedes Auto, das uns überholt, hupt. Manchmal ist es echt nervend, manchmal kommt die Hupe so überraschend, dass ich mich erschrecke. Wahrscheinlich wird deswegen so viel gehupt, damit du aufpasst. Stell dir einfach eine normale Straße bei uns in der Stadt vor und bei jedem Auto, bei jedem Fußgänger, bei jedem Radfahrer der vorbei fährt, wirst du hupen. Unfassbar oder? Aber hier in China die normalste Sache der Welt. Ich bin mir sicher, dass bei jedem Auto die Hupe noch vor der Bremsscheibe verschlissen ist!

Wir radeln an einer Höhle, einem Totempfahl und einem Banyan Tree vorbei. Ungefähr 300 Meter danach geht eine kleine Straße nach rechts und führt direkt zum Moondance Resort. Und die Kinder der Familie haben recht gehabt. Es ist ein nettes Hotel, liegt wunderschön und sehr idyllisch am Fluss und hat nur 12 Zimmer. Das Personal spricht sehr gut englisch und im wunderschönen Garten liegt tatsächlich ein Schwimmbad! Gespeist wird es vom Yulong Fluss, das Wasser ist also etwas grün, Beckenrand und Boden sind voller Algen, aber Schwimmbäder sind für China teuer, diese Alternative gefällt uns trotzdem. Wir stellen das Fahrrad ab und melden uns bei der Rezeption. Roland, der Besitzer, begrüßt uns herzlich und ist überraschenderweise Holländer. Er war jahrelang als Reiseleiter in Yangshuo beschäftigt, hat seine Frau hier kennengelernt und gemeinsam haben sie dieses Hotel gekauft. Ich bedanke mich im Vorfeld für seine Gastfreundlichkeit, bestelle dann noch schnell einen Cappuccino und springe ins kühle Wasser. Es ist so ruhig hier, wir genießen den Ruhetag am und im Wasser und werden mit Köstlichkeiten aus der Küche verwöhnt.

Der Tag vergeht sehr schnell und es ist schon 4 Uhr nachmittags, als wir von einem lauten Knall aufgeschreckt werden. Die Brise hat sich inzwischen in eine etwas heftigere Windböe entwickelt und hat die Sonnenschirme, die doch in einem 1 x 1 Meter großen Ziegelstein im Garten stehen, umgeschmissen. Vielleicht sollten wir langsam gehen, bevor es zum Regnen anfängt. Wir bedanken uns nochmals bei Roland für seine Gastfreundschaft und schnell steigen wir auf das Rad. Eigentlich ist die Hauptstraße 4-spurig, aber die zwei äußeren Fahrbahnen werden nur von Motorrädern und Fahrradfahrern benützt. Mit dem Wind im Rücken kommen wir schnell voran, aber kurz vor Yangshuo werden wir etwas unerwartet vom Regen eingeholt. Schnell steigen wir ab und finden vor einem I-Phone Geschäft Unterschlupf. Gleich nebenan befindet sich das Wartezimmer eines Arztes. Ich muss zuerst dreimal schauen, weil das Wartzimmer nicht mehr als ein schmuddeliger „Käfig" ist. Hier möchte ich auf keinen Fall krank werden. Bei der Reiseversicherung darfst du in China nicht sparen, so viel ist jetzt sicher! Ein kleiner Bub hängt an einer Infusion, ein anderes Mädchen wird übersät mit einem Ausschlag eingeliefert und die freundliche Assistentin bringt uns zwei Hocker. Sie hat gesehen, dass wir mit dem Rad vor der Praxis „gestrandet" sind und weil die Chinesen immer freundlich zu ihren Gästen sind, bietet sie uns zwei Hocker an. Inzwischen beobachte ich das Geschehen auf der Straße und im Wartezimmer, das wirklich auch eine Bushaltestelle sein könnte. Nur die Infusion macht den Unterschied.

Eine Viertelstunde später lässt der Regen bereits nach. Wir bringen die Hocker zurück, steigen wieder auf unseren Drahtesel und fahren weiter zurück zur Stadt. Beim Kreisverkehr stoßen wir auf das wahrscheinlich einzige „Opfer" vom kurzen aber heftigen Regenguss. Ein Kanaldeckel hat sich anscheinend gelöst oder ist einfach davon getrieben. Jedenfalls steckt ein Auto mit einem Vorderreifen genau im Loch drinnen. Mich wundert es schon nicht mehr. Kurz bevor wir nach China gefahren sind, habe ich von meiner Freundin ein Foto bekommen. In Peking war durch Unwetter ein ganzes Stück Erde unter dem Asphalt weggespült worden. Irgendwann hat der Asphalt dem Druck der darüberfahrenden Autos nicht mehr standgehalten. Ein ganzes Auto war in dem Loch verschwunden. Da hat das Auto vor uns noch Glück gehabt!

Drachenknochen

Heute haben wir eine längere Fahrt vor uns. Bis Longshen, wo wir hinfahren, sind es sicherlich 3,5 Stunden. Die Region nördlich von Guilin ist bekannt für seine Drachenknochen-Reisterrassen, eine unglaubliche Leistung landwirtschaftlicher Konstruktionskunst. So sind die Reisterrassen gegen den steilen Bergflanken bis in eine Höhe von 1000 Meter angelegt und es haben drei oder vier Reihen Reispflanzen in den kleineren Reisbecken Platz. Die schmalen Terrassen sehen aus der Ferne wie Drachenknochen aus, deswegen der Name. Das heutige Ziel ist das 600 Jahr alte Zhuangdorf Ping'an. Unsere Fahrerin ist eine echte Kamikaze-Pilotin, wie Michael Schuhmacher ist sie von Yangshuo hierhin gerast. Sie hat an manchen Stellen überholt, wo normalerweise nur Leute überholen werden, die lebensmüde oder suizidal sind. Auch hat sie so manche Bodenwellen übersehen oder ist einfach ohne zu bremsen darüber gefahren. So eine wilde Tante! Das letzte Stück bis Longshen schlängelt sich eine schmale Straße den Berg hinauf, aber Bergfahren hat die Kamikaze-Frau eindeutig nicht gelernt. Ihr Fahrstil sorgt bei Romy für Übelkeit, logisch, aber Romy schafft es, mit Mageninhalt oben am Parkplatz anzukommen. Von hier aus ist das Dorf Ping'an nur zu Fuß zu erreichen. Ich habe das Gepäck bereits umgepackt und werde nur eine Tasche zum Hotel mitnehmen. Selber tragen brauchen wir es nicht. Es gibt jede Menge Männer und Frauen, die das Gepäck der Touristen nach oben schleppen. Vielleicht hört sich dies etwas dekadent an. Ich denke, dass dieser Service für die Einwohner wichtig ist, weil es etwas Geld bringt. Wer weiß, ob die Touristen dieses Dorf besuchen werden, wenn sie das Gepäck selber tragen müssten. Aber es geht noch dekadenter, keine Sorge! Es gibt nämlich sogenannte Tragestühle, in die du dich hineinsetzen kannst. Zwei starke Männer heben das Gestell auf und schleppen dich den Berg hinauf...

Inzwischen ist auch Ping'an der chinesische Fortschritt nicht erspart geblieben und dieses Dorf ist ebenso eine große Baustelle. Im Moment zählt das Dorf 6000 Gästebetten, Tendenz steigend. Unser Hotel, das Leader Guesthouse, ist ein relativ neues Hotel, aber sicherlich kein Luxushotel. Die gibt es hier bis jetzt noch nicht. Es ist ein einfaches 3-Sterne Hotel und liegt ziemlich weit oben am Berg. Direkt nach dem Eingang, bei dem wir Eintritt für das Betreten des Dorfes bezahlen müssen, kommen wir wieder an kleinen Souvenirläden vorbei. Außerdem gibt es einen kleinen Markt, auf dem allerhand Speisen und Getränke angeboten werden. Über kleine Stufen wandern wir gemütlich den Berg hinauf. Die Strecke nach oben ist überhaupt nicht schwierig, nur die hohe Luftfeuchtigkeit macht mir zu schaffen. Die Stuhlträger suchen nach gestrandeten Opfern, die noch weniger Kondition haben als ich, um sie nach oben zu tragen. Und das ist big business! Die Dame mit unserem Gepäck am Rücken ist vermutlich schon oben. Wie eine Gämse ist sie die Stufen hinauf gerannt, obwohl sie ein bisschen gemeckert hat, dass unser Gepäck zu schwer ist. Es ist vor allem ein Spielchen, welches hier gespielt wird. Ein Spielchen ums Geld, weil sie für einen schweren Koffer einfach mehr Geld verlangt.

Die Wanderung führt kreuz und quer durch das Dorf. Die schmalen Stufen schlängeln sich den Berg hinauf, die Reisterrassen liegen gleich hinter den typischen hölzernen Häusern. Wir werden von einem Pony überholt. Die Lebensmittel sind auf seinem Rücken verstaut und es bringt die Waren über die gleichen Stufen nach oben. Touristen sind entweder hinauf oder hinunter unterwegs und die traditionellen Long-Hair-Frauen möchten ihre Haare zeigen. Für Geld natürlich. Durchnässt vom Schweiß kommen wir bei unserem Hotel an, aber wir hätten keine fünf Minuten länger unterwegs sein dürfen, dann wären wir auch durchnässt gewesen sein, aber vom Regen! Das Zimmer ist relativ klein, aber es ist sauber und die Betten wieder steinhart. Ich springe zuerst unter die Dusche und als es trocken geworden ist, wandern wir in das Dorf hinein und den Berg weiter hinauf. Ganz oben sollte ein Aussichtspunkt sein, aber der Nebel legt sich auf die Berge und der Regen nieselt noch etwas vom Himmel nach. Die Aussicht ist also praktisch null. Im Dorf gibt es natürlich Restaurants und Souvenirgeschäfte, aber ich sehe auch einen kleinen Supermarkt. Hier kann ich wieder löslichen Cappuccino kaufen. Für später, weil wir einen Wasserkocher im Zimmer haben. Ganz in der Nähe unseres Hotels finde ich das Green Garten Coffee House. Das Wort Coffee hat natürlich eine magische Anziehungskraft auf mich, aber auf dem Schild daneben steht „Chinese food, western food, pizza, wireless". Da möchte ich abendessen! Wir werden ganz freundlich von Danny, dem Besitzer, begrüßt und zu einem Tisch begleitet. An der Wand hängen zahlreiche Zettel mit Aufschriften in allen möglichen Sprachen. Die Nachrichten sind von seinen Gästen, die alle sehr begeistert von seinen Kochkünsten waren. Das möchte ich ausprobieren! Romy bestellt Spaghetti, ich nehme gebackenen Reis mit Huhn in süßsaurer Soße. Romy ist übrigens noch immer mit ihrem Wackelzahn unterwegs, aber wird immer geschickter damit. Unglaublich, wie schwer sie sich von dem Zahn verabschieden kann! Das Essen schmeckt tatsächlich hervorragend und auch ich könnte einen Zettel an der Wand aufhängen und drauf schreiben, dass der Kaffee der Beste ist, den ich seit Tagen getrunken habe. Viel besser als löslicher Kaffee!

Am nächsten Tag möchte ich eine Wanderung entlang der Reisfelder machen. Rao hat uns gestern versprochen, dass sie uns begleiten wird. So wandern wir zuerst zum Aussichtspunkt, wo wir gestern bereits waren. Jetzt ist die Aussicht besser wie gestern und wir haben eine traumhafte Sicht auf den Drachenknochen. In dieser Jahreszeit sind die Reisfelder saftig grün, welches ich bestätigen kann. Unten im Tal kann der Reis zwei Mal im Jahr geerntet werden, aber hier oben am Berg gelten andere Gesetze. Ping'an kennt nämlich nur vier sogenannte Reis-Jahreszeiten. Im Frühling werden die Terrassen gefüllt mit Wasser und kleinen Keimpflanzen. Im Sommer färben sich die Berge saftig grün. Anfang Oktober, als die Flanken ganz in Gelb gehüllt sind, wird geerntet. In der letzten Saison, im Winter - jetzt bei dieser Hitze kaum vorstellbar - liegt hier Schnee! Obwohl Ping'an ein echtes Zhuang Dorf ist, kommen die Yao Damen des Nachbardorfs Dazhai immer öfters über die Gipfel nach Ping'an. Der Grund dafür sind ihre langen Haare. Die Haare der Yao werden, sobald die Mädchen 18 Jahre werden, zum ersten Mal geschnitten. Die Haare sind dann meistens schon 1 Meter lang. Nachher werden die Haare nie wieder geschnitten. Täglich verbringen die Frauen mehrere Stunden mit der Pflege der Haare. Zuerst werden die Haare mit Reiswasser gewaschen. Dann getrocknet, gekämmt und zusammen gerollt. Wie eine Art Turban werden die Haare dann auf dem Kopf zusammen gesteckt. Sogar die lange Strähne, die mit 18 Jahren abgeschnitten worden ist, wird irgendwie in der Steckfrisur verarbeitet. Auch werden alle Haare, die durch das Kämmen zu Boden fallen, behutsam aufgehoben und in den Bund wieder dazu gegeben. „Es bringt Unglück, wenn die Haare verschwinden", erzählt Rao. „Auch ich wasche meine Haare mit Reiswasser", sagt sie weiter. „Es ist viel gesünder für die Haare". Haare waschen mit Bier, das habe ich schon gekannt und auch schon einmal gemacht, aber Reiswasser? Wer weiß. Wenn ich zu Hause das erste Mal wieder Reis koche, könnte ich es vielleicht ausprobieren. Zwei Frauen mit hochgesteckten Haaren begegnen uns und fragen, ob sie ihre Haare zeigen dürfen. Na klar, das möchte ich einmal sehen, wie die Haare so ordentlich auf dem Kopf zusammengesteckt sitzen bleiben. Für 20 Yuan werden die Haare entknotet und herunter gelassen. Wie bei

Rapunzel reichen die Haare wirklich bis zum Boden! Dann nimmt eine Frau ihre Haare wieder in die Hand, dreht sie zu einem Strang und knotet das Haar zu einem Turban oben am Kopf. Unglaublich, innerhalb von einer Minute hat sie eine tolle Frisur!

Ganz oben am Berg kann ich auf der gegenüberliegenden Bergflanke einen anderen Aussichtspunkt erkennen. Rao sagt, dass die Wanderung dort hin sicherlich 1,5 Stunden dauert. In dieser Hitze muss ich nicht unbedingt drei Stunden wandern, aber schauen wir einmal, wie weit wir kommen. Immerhin haben wir den höchsten Punkt schon erreicht, echt anstrengend kann es nicht mehr werden. Tatsächlich schlängelt sich der Pfad im flachen Gelände entlang der Reisfelder, manchmal durch einen kleinen Bambuswald, andermal müssen wir ein Bächlein überqueren. Das Wasser rinnt via den kleinen Bach den Berg hinunter, es wird später in einem kleinen Kanal entlang der Reisterrassen geleitet. Es weht eine angenehme Brise und die Aussichten sind jedes Mal beeindruckend. Ich sehe, dass nicht nur Reis gepflanzt wird. Die Bauern setzen auch Mais, Kürbisse, Süßkartoffeln, Sesam und Chili für den Eigenbedarf. Als ich so an den kleineren Terrassen vorbei gehe, bemerke ich erst, wie steil die Flanken manchmal sind. Ich habe nicht auf die Uhr geschaut, aber ich glaube, dass wir den gegenüberliegenden Aussichtspunkt in knapp 45 Minuten erreicht haben. Kurz vor dem Aussichtspunkt gibt es übrigens eine Abzweigung zum Dazhai Dorf. Dorthin sind es doch gute zwei Stunden, aber das werde ich noch nicht schaffen. Stattdessen machen wir beim Aussichtspunkt eine kurze Pause, essen einen Apfel und genießen die Aussicht auf das Dorf. Von hier aus ist gut ersichtlich, dass an vielen Stellen gebaut wird. Und jetzt sehe ich ganz deutlich, wie steil der Berg eigentlich ist und wie die Häuser auf den Flanken gebaut sind. Faszinierend! Nach der kurzen Pause geht es überraschenderweise über einen anderen Weg hinunter. Mittels steiler Stufen sind wir in knapp zwanzig Minuten unten im Dorf. Insgesamt hat die Wanderung etwas über eine Stunde gedauert. Im Dorf herrscht ein mächtiges Treiben. Überall wird Gemüse und Obst verkauft und eine Spezialität gekocht. In einem ausgehöhlten Bambusrohr werden Gemüse, Fleisch und Kartoffeln hinein gestopft. Danach wird der Bambusstock ins Feuer gelegt, bis das Essen fertig gegart ist. Mit einem kräftigen Schlag auf eine kantige Ecke, wie die der Mauer, wird der Bambus geöffnet und das Essen serviert. Was übrig bleibt, sind Säcke voll mit Bambusresten. Was werden die damit machen? Brennt Bambus überhaupt?

Wir kommen beim Green Garten Coffee House vorbei und sagen Rao, dass sie uns nicht bis zum Hotel begleiten muss. Wir werden gleich hier mittagessen. Das Frühstück in unserem Hotel war übrigens nicht wirklich genießbar; chinesisch. Auch in der Früh waren wir schon hier. Danny hat schon bemerkt, dass wir langsam seine Stammgäste werden und begrüßt uns ganz freundlich. Romy bestellt Spaghetti, ich nehme die Fisolen mit Erdnüssen, dazu etwas gebackenen Reis und alles schmeckt wieder fantastisch. Nach dem Essen möchte ich auf dem Markt etwas Obst kaufen, aber von einem Markt ist jetzt nichts mehr zu sehen. „Wandern wir hinunter, zu den Souvenirgeschäften?", fragt Romy. Als wir gestern vom Parkplatz hinauf gewandert sind, sind wir an zahlreichen Souvenirgeschäften vorbei gekommen und jetzt will meine Shopping-Queen dort schauen. Wir haben sonst eh nichts zu tun, also folgen wir dem Gepäckstäger hinunter und gelangen zum Parkplatz. Ich muss sagen, dass die Souvenirs, die hier angeboten werden, nicht wirklich interessant sind und außerdem viel teurer wie in Xi'an oder Lijiang. So haben wir in Lijiang 5 Glücksbringer für 10 Yuan gekauft. Hier kostet 1 Glücksbringer 15 Yuan! Ich habe auch das Gefühl, dass ich alles, was mir gefällt, schon gekauft habe. Der restliche Kram gefällt mir einfach nicht. So wandern wir, ohne etwas gekauft zu haben, wieder den Berg hinauf. Wie bereits erzählt, ist auch Ping'an eine große Baustelle und das Dorf ist inzwischen mit Strom, warmem Wasser und Internet ausgestattet. Vor einigen Jahren hast du nur am Vormittag und am Abend Strom und Wasser gehabt. Inzwischen kannst du diesen Service den ganzen Tag nützen. So springen wir, im Hotel angekommen, dankbar unter die Dusche. Ich war der Meinung, dass ich eine zweite Garnitur Kleidung für mich mitgenommen habe, finde diese aber nicht. So springe ich wieder in die von Schweiß durchtränkte Kleidung. Who cares? Danny in jedem Fall nicht. Zum Abschluss genießen wir nochmals das Abendessen in unserem Stammlokal, bevor wir müde ins Bett fallen.

Beleuchtete Flöten

Wir lassen die beeindruckenden Reisterrassen und die freundlichen Menschen hinter uns. Unsere Kamikaze-Pilotin fährt im Leerlauf den Berg hinunter und rast an kleinen Dörfern vorbei, zurück nach Guilin. Die Natur hier unten im Tal ist nicht mehr so saftig grün. Neben der Straße stehen viele Laubbäume und ihre Blätter sind grau von Staub und Smog. Auch die Luft ist mit Feinstaubpartikeln gefüllt, denn, obwohl der Himmel klar und blau ist, da immer ein Schleier am Horizont hängt. Und Gottseidank mag ich die Buddha-Früchte nicht, weil diese Früchte genau hier zahlreich wachsen und auch mit einer dicken Schicht grauem Dreck bedeckt sind. Ich erkenne die Plantagen sofort. Die Äste wachsen über eine Pergola, die sicherlich hunderte Meter lang ist. Die Buddha-Früchte hängen geschützt vor der Sonne unter den Blättern und können so leicht geerntet werden. Außerdem sehe ich, dass an wirklich jedem dritten Haus gebaut wird. Die Gerüste rund um die Häuser sind meistens aus Bambus und vor der Tür ist meistens ein Steinhaufen. Die Backsteine warten darauf mit Wasser und Zement zu einem neuen Stockwerk zusammengebaut zu werden. Andere Häuser sind wieder aus Beton gebaut. Egal, ob aus Backsteinen oder Beton, im Erdgeschoss befindet sich meistens ein großes Garagentor, welches über die gesamte Breite des Hauses reicht. Das Tor kannst du öffnen, damit eine Art Laden entsteht.

Es schaut eher ein bisschen wie eine Garage aus, aber etwas schöner, weil ich direkt ins Wohnzimmer der Menschen schaue. Der erste Stock ist vorne überhängend gebaut, damit im Erdgeschoß eine Überdachung entsteht. Und ganz witzig, bei den Häusern, die schon fertig gebaut sind, werden die vorderen Fassaden im ersten Stock mit schönen Ziersteinen geschmückt. An den Seiten der Häuser bleibt immer die hässliche graue Betonwand zu sehen. Die Wände bekommen nicht einmal eine Farbe. Vielleicht wird irgendwann daneben ein Haus gebaut oder so. In jeden Fall würde ich mein Haus niemals so stehen lassen! Aber gut, ich würde auch den gesamten Bauschutt, nachdem das Haus fertig ist, wegräumen, aber hier liegt er meistens noch vor der Tür. Vor den fertigen Häusern sitzen die Männer beisammen und spielen Schach oder Backgammon. Frauen flanieren über die Straße mit einem Sonnenschirm in der Hand, damit ihre Haut schön blass bleibt. Ihre Kinder rennen überall herum. Hier am Land siehst du bei den kleinsten Kindern die komischen Hosen ohne Schritt wieder viel mehr als in der Stadt. Und tatsächlich macht ein Bub in der Straßenrinne gerade „eine Harmonie Pause", weil so haben die Führer eine Pinkelpause genannt. Ein komisches Wort oder?

Gemütlich gleitet die Landschaft an uns vorbei und schneller als erwartet, stehen wir in Guilin. Wir fliegen erst am Abend nach Hong Kong und haben noch genügend Zeit die Hauptattraktion der Stadt zu besuchen: die Ludi Yan Höhle, auch Schilfrohrflöten- oder Riedflöten-Höhle genannt. Die Höhle bekam ihren

Namen von einer draußen wachsenden Schilfart, welcher hier am Eingang wächst, aus der Kinder melodische Flöten schnitzten. Die Höhle stammt aus der Tang Dynastie und in der Geschichte wurde die Höhle als Zufluchtsort der Bevölkerung genutzt. Irgendwann muss sie aber in Vergessenheit geraten sein, weil die Höhle erst im Jahr 1959 von einem Bauern durch Zufall wieder entdeckt wurde. Ende 1962 wurde die Höhle den Besuchern wieder zugänglich gemacht. Mit Taschenlampe, Kamera und Stativ wandere ich in die Höhle hinein und bekomme zugleich einen einmaligen Einblick in die Innenwelt der Karsthügel. Rao erzählt die ersten Geschichten über die Höhle, inzwischen mache ich die Kamera bereit. Hinter jeder Säule, jeder Ecke und jedem Felsen tut sich ein neues, faszinierendes Bild auf. Auch hier benötige ich wieder eine Portion an Fantasie um die beleuchteten Gestalten wie die "Champignons", "Pinien im Schnee" und den "Gemüsegarten" zu erkennen. Weil da, wo ich nur Tropfsteine sehe, findet Rao Blumenkohle, Kürbisse, China Kohl und anderes Gemüse. Ich habe die Kamera auf das Stativ geschraubt. Die Stalaktiten, Stalakmiten und Tropfsteine werden von unendlich vielen versteckten Lampen beleuchtet und erzeugen eine Atmosphäre, die mit Worten nicht greifbar ist. Aber es ist in der Höhle so dunkel, dass es auch mit Stativ und längerer Verschlusszeit schwierig ist, die besondere, jedoch gemäßigt kitschige Atmosphäre genau wieder zu geben.

Der größte Raum in der Höhle ist der Kristallpalast des Drachenkönigs, in dem sicherlich 1000 Menschen Platz finden. So viele Menschen sind heute nicht in der Höhle unterwegs, trotzdem rennt immer wieder eine Person gegen die Kamera oder durch das Bild. Ich möchte nämlich ein lustiges Bild machen. Ich werde das Bild für sicherlich 20 bis 30 Sekunden beleuchten und Romy soll während dieser Zeit mit der Taschenlampe durch das Bild wandern. So erscheint ein Lichtstrich auf dem Bild. Fotografischer Unsinn, aber irgendwie doch witzig. Nur sollte für 30 Sekunden niemand durch das Bild rennen, aber das ist in China echt unmöglich.

Erdnuss Ernte in Yangshuo

Bambus-Flossfahrt Yangshuo

Long hair Frauen in Pingan

Reisterrassen von Longshen

Manmo Tempel in Hongkong

Hongkong

Hong Kong Island

Viele Reiseveranstalter fliegen von Guilin nach Guangzhou und fahren am nächsten Tag mit der Fähre nach Hong Kong. Außer preisgünstig macht diese Variante für mich keinen Sinn. Deswegen stehen wir 1,5 Stunden später am Flughafen von Hong Kong. Ein neues Land, eine andere Währung, da wird plötzlich englisch gesprochen, an der anderen Straßenseite gefahren und wir stehen ohne Führer da. Ich war der Meinung, dass ein Führer uns zum Hotel bringen wird, aber nachdem ich drei Mal Terminal A und B abgewandert bin, habe ich immer noch kein TRAVELKID-Schild gefunden. Und das ist genau der Grund, warum ich jede Rundreise zuerst selbst als „Urlauber" prüfen möchte. Rundreisen schauen auf dem Papier immer gut organisiert aus, aber in der Praxis kommen die „Fallgruben" hervor. Und hier ist wieder so eine. Aber es kann auch etwas mit meiner Naivität zu tun haben, das möchte ich jetzt nicht abstreiten. Ich suche zuerst nach einem Bankomaten um einige Hong Kong Dollars in der Tasche zu haben, aber wie viel ist so ein Ding um Himmelswillen wert? Plötzlich muss ich an eine andere Reise denken. Ich glaube es war 1993 als ich zwei KLM Tickets Business Class weltweit gewonnen habe. Super natürlich, nur der Haken war, dass ich die Tickets erst 10 Tage vor Abflug buchen hab dürfen. Delhi war der Plan, aber die Flüge restlos ausverkauft. Trotzdem war ich guter Hoffnung und bin bis 2 Tage vor Abflug auf der Warteliste gestanden. Dann habe ich im allerletzten Moment die Flüge umgebucht. „Mexiko City kann ich bestätigen", hat die freundliche KLM Dame gesagt. Und so bin ich knappe 36 Stunden später am Zocalo-Platz in Mexiko-Stadt gestanden, habe nicht einmal gewusst, wie spät es ist, welche Sprache gesprochen wird, mit welcher Währung bezahlt wird und was es wert ist. So schlimm ist es jetzt nicht, aber immerhin.

Ich rufe Li wieder an, weil ich echt nicht weiter weiß. „Du musst zum Terminal B. Hier befinden sich Schalter von allen großen Hotels aus Hong Kong", sagt sie immer noch freundlich um diese Uhrzeit. „Von hier aus wirst du mit einem Shuttlebus zum Hotel gebracht." Ich melde mich beim Harbour Plaza Desk aber der Mann hinter dem Desk sagt: „Welches Harbour Plaza Hotel hast du gebucht?" Eh, gibt es mehrere davon? Aber wir stehen auf seiner Liste für einen Transfer zum Harbour Plaza North Point Hotel und können auch gleich in den bereitstehenden Bus einsteigen.

Hong Kongs öffentliches Verkehrsnetz ist so gut ausgebaut, seine Benützung derart preiswert und fast alle Verkehrsmittel sind auf den Inseln und am Festland vorhanden: Fähren, Busse, Straßenbahnen, Bahn, U-Bahn, Light Rail und sogar eine kilometerlange Rolltreppe. Und diese Rolltreppe ist das einzige „Verkehrsmittel" der Welt, für dessen Nutzung der Kunde Geld erhält! Für alle anderen Verkehrsmittel kannst du dir eine „Oktopus-Card" besorgen, eine vollautomatisierte Kredit-Fahrkarte. Direkt neben unserem Hotel liegt die U-Bahn Station Quarry Bay. Am nächsten Tag kaufe ich zuerst einmal ein normales Ticket, ohne Oktopus. Wir sind nur einen Tag in Hong Kong, da zahlt sich die Anschaffung der Karte nicht aus. Ich kann aber die Kinderkarte auf dem Bildschirm nicht finden. Eine freundliche Dame sieht meine Pfuscharbeit und steht gleich zur Seite. Auch hier lauter freundliche Menschen. Natürlich ist die U-Bahn genau so übervoll, wie die Straßen, aber nicht voller als eine durchschnittliche Rushhour in der Wiener U-Bahn. Das Hotel liegt auf Hong Kong Island, etwas östlich des Zentrums. Hast du übrigens gewusst, dass Hong Kong „duftender Hafen" bedeutet?

Acht Stationen weiter, noch immer auf Hong Kong Island, steigen wir aus, ein übersichtliches Wegweiser-System lotst uns zum ManMo-Tempel, ein Taoisten Tempel und einer der bedeutendsten Tempel Hong Kongs. Nur schon der Anblick des Gebäudes ist bizarr aber gleichzeitig typisch für Hong Kong. Der kleine Tempel mit den üblichen halbrunden Ziegelsteindächern und rot gestrichenen Holztüren, wird von Glas, Stahl und Beton in der Form zahlreicher Wolkenkratzer umgeben. Gegen eine Spende besorge ich uns zwei Bündchen Räucherstäbchen und durch den fast erstickenden Qualm der bereits brennenden Räucherstäbchen im Tempel kämpfen wir uns einen Weg zu „Man", der Gottheit der Literatur. Wo sonst kann ich mir etwas Glück für dieses Buch wünschen? Mit „Mo" kann ich weniger anfangen. Er ist der Gott des Krieges und beschützt Gangster. Und weil ich eben kein Gangster bin, werden wir durch den Qualm des brennenden Weihrauchs im Tempel fast ausgeräuchert. Es ist hier drinnen nicht zum Aushalten! Meine Augen fangen zum Tränen an, bei Romy geht die Luft aus und sie keucht nach Frischluft. Ich mache noch schnell einige Fotos von den megagroßen spiralförmigen Räucherstäbchen mit sicherlich einem Meter Durchmesser, die vom Plafond hängen, dann verschwinden wir hier schnell!

Die nächste Station ist Hong Kong Park, ein großer und empfehlenswerter Stadtpark, in dem sich ein großes Vogelgehege mit 600 tropischen Vögeln befindet. Hier kannst du gratis hinein und es ist gerade Fütterungszeit! Wir kommen noch an einem Teich vorbei, in dem viele Koi Karpfen und Schildkröten frei herum schwimmen. Endlich wieder Schildkröten in freier Wildbahn und nicht in einer Plastikkugel mit bunten Perlen! Völlig überrascht, dass ihre Lieblingstiere hier frei herum schwimmen, sitzt Romy eine Weile auf einem Stein neben dem Wasser und genießt den Anblick der niedlichen Schildkröten.

Am anderen Ende des Parks befindet sich der Höhepunkt von Hong Kong: Die weltberühmte Peak Tram, eine steile Bergschienenbahn mit der du zur Aussichtsplattform hinauf fährst. Die Aussicht auf die Skyline von Hong Kong sollte beeindruckend und faszinierend sein. Genau so beeindruckend ist die Warteschlange! „Ab hier wartest du 1,5 Stunden", steht auf dem Schild. The Peak muss bis zur nächsten Reise warten, weil die Schlange für das Herunterfahren meistens noch länger ist! Obwohl ich den Tipp bekommen habe, dass ich besser mit dem Bus herunter fahren kann, wird die Warteschlange dort nicht viel kürzer sein. Ich habe keine Lust heute sicherlich drei Stunden nur zu warten. Dafür sind wir zu kurz in Hong Kong.

An der anderen Straßenseite liegt die St. John´s Cathedral, anscheinend das älteste historische Bauwerk Hong Kongs überhaupt. Sie diente während der japanischen Besatzung als Offiziersklub. Wir schauen kurz in die Kathedrale hinein, aber die Innenseite ruft kein großes Erstaunen hervor. Es ist ein karger, kahler Raum ohne viel Schnick-Schnack. „Der duftende Hafen" ist in vielerlei Hinsicht einmalig. Das Meer befindet sich inmitten der Stadt, der Sonderstatus als Sonderverwaltungsgebiet von China, die einzigartigen Gebräuche der Chinesen, die grünen Berge, die die graue Skyline aufpeppen, die enorme Anzahl an Lichtreklamen und natürlich die wahnsinnige Geschäftigkeit der Chinesen. Wir wechseln von Hong Kong Island aufs Festland: Kowloon. Unter dem Meeresspiegel liegen mehrere Tunnel, die die Menschen bequem von der Insel zum Festland bringen. Das Wissenschaftsmuseum umfasst eine tolle Ausstellung zum Anfassen und Mitmachen, speziell für Kinder, und das möchte Romy anschauen. Über 4 Stockwerke sind Ausstellungsobjekte zu den Themen Biologie, Transport, Energie und Physik interaktiv gestaltet. Im Untergeschoss besuchen wir zuerst eine Sonderausstellung über die tiefste Unterwasserwelt, in der Biologie-Abteilung lassen wir unseren Blutdruck messen und wir erfahren einiges über die Verdauung. Hast du gewusst, dass Reis erst nach 30 Stunden den Körper wieder verlässt? Insgesamt haben wir sicherlich 3 Stunden das unterschiedlichste Wissenswerte absolviert und nicht einmal die Hälfte gesehen.

Draußen ist es inzwischen dunkel geworden, die erste NEON-Beleuchtung flackert am Himmel und die Chinesen haben mit der Arbeit aufgehört. Eine U-Bahn Station weiter befindet sich angeblich Hong Kongs spektakulärster Nachtmarkt: Der Tempel Street Night Market. Erst nach Einbruch der Dämmerung fängt Tempel Street zum Leben an und kommen zahlreiche Verkäufer, Köche und sogar ein Wahrsager zusammen um den Besuchern ihre Leistungen anzubieten. Die Stände nehmen aber so viel Platz ein, dass für die Fußgänger kaum Platz übrig bleibt. Meiner Meinung nach verliert die Straße dadurch einiges an Flair. Ich habe in China, aber auch in Thailand bessere Märkte gesehen. Und weil alles so eng ist, habe ich Angst um mein Geld und mein Gepäck. Keine Ahnung, ob hier viel geklaut wird, aber es gibt jede Menge Möglichkeiten! Außer den lustigen Regenschirmen finde ich hier auch nicht viel Neues. Ich kaufe noch eine Giraffen-Stanzform, Romy erweitert ihre Schildkrötensammlung noch mit einem Prachtstück aus Hong Kong. Dann wird es langsam Zeit uns von China und Hong Kong zu verabschieden.

Ein langer Weg

Den letzten Tag habe ich für das Schwimmbad reserviert und so springen wir am früheren Vormittag ins Wasser. Ins eiskalte Wasser, besser gesagt! Gestern war das Schwimmbad wegen des Taifuns, der über Hong Kong gesaust ist, geschlossen. Wir haben, außer etwas mehr Wind, nichts davon gemerkt, aber zur Sicherheit wurde das Schwimmbadgelände gesperrt. Heute ist es wieder geöffnet und ich hätte mir den letzten Tag, beim Anblick des blauen Himmels, schon etwas anders vorgestellt. Aber heute läuft einiges anders ab, als geplant…

Romy hole ich halb durchgefroren bereits nach 20 Minuten aus dem Schwimmbad und stelle sie im Zimmer unter die warme Dusche. Inzwischen verstaue ich die nassen Bikinis, die Schmutzwäsche, unsere neuen Souvenirs, die nicht benützten Gegenstände und den restlichen Krempel ordentlich in unseren Reisetaschen. Es bleiben uns noch drei Stunden bis wir für den Transfer zum Flughafen abgeholt werden. Laut Reiseführer liegt eine Haltestelle weiter östlich ein großes Einkaufszentrum in dem wir noch etwas essen können und tatsächlich finden wir neben Shops wie H&M, Zara, Nike und Timberland ein ganzes Stockwerk mit Restaurants. Vietnamesische, koreanische, japanische, indonesische, kantonesische und indische Menüs stehen zur Auswahl, aber letztendlich entscheiden wir uns für etwas „Einfacheres", nämlich etwas Chinesisches. Gebratener Reis mit Fisch in Teriyaki Sauce und lassen es uns noch ein letztes Mal gut schmecken.

Der Hotelbus fährt alle zwei Stunden zum Flughafen. Etwas früher als geplant fahren wir zum Flughafen. Die Fahrt dauert doch über eine Stunde und ich bin lieber etwas früher am Flughafen. Ich weiß nicht, wie es bei dir ist, aber am letzten Tag will ich eigentlich so schnell wie möglich nach Hause. Dann warte ich lieber etwas länger am Flughafen. Wir checken bei Air China ein, das Gepäck wird durchgelabelt und ich bekomme einen Boardingpass, ohne Gate und ohne Flugzeit. „Die Daten sind noch nicht bekannt", sagt die freundliche Dame hinter dem Schalter. Nach den Sicherheitskontrollen haben wir wieder genügend Zeit zum Herumschauen und ... ja, du hast es schon erraten .... zum Essen! Ich habe keine Ahnung, wie das Essen an Bord ist und hier gibt es hervorragende Pizzen. Da muss ich zugreifen!

Mit einem vollen Bauch stehe ich wieder vor dem Informationsbildschirm. Komischerweise steht immer noch keine Gate-Nummer hinter unserer Flugnummer, meistens bedeutet das nichts Gutes! Trotzdem wechsle ich meine letzten chinesischen Yuan und Hong Kong Dollars bei der Bank um. Ich habe noch relativ viel Fremdwährung übrig und möchte es hier umwechseln, weil ich in Österreich viel weniger dafür kriege. Ich schaue nochmal auf den Bildschirm und dann folgt die Erleichterung: nur eine Stunde Verspätung. Wir werden in jedem Fall von Hong Kong wegfliegen, aber es wird spannend, ob wir den Anschlussflug schaffen! Ich melde mich beim Informationsschalter von Air China und frage nach, wie es mit der Verspätung und unserem Anschlussflug ausschaut. Hier bekomme ich das Gefühl, dass ich abgeschoben werde. „Du wirst den Anschlussflug schon schaffen", sagt der Mann nämlich kurz und griesgrämig. Hong Kong schiebt das Problem nach Peking! Blöd, weil 2 Stunden später von Hong Kong die direkte Lufthansa Maschine nach München abhebt. Aber Air China muss uns zuerst nach Peking transportieren, so lautet das Flug-Gesetz!

Punktgenau 20.25 Uhr melden wir uns beim Gate zum Einsteigen. Aber hier passiert nichts. Die gestressten Damen beim Counter verweisen auf den Supervisor, der aber unauffindbar ist. Wieder wird das Problem abgeschoben und es gibt keine Informationen! Wie lästig das ist! Unsere Maschine von Peking nach München hebt um 00.40 Uhr ab und der Flug dahin dauert 3 Stunden. Wenn es jetzt schnell geht, haben wir zumindest noch eine Chance, den Anschlussflug zu schaffen. Vielleicht stehe ich dann ohne Gepäck in München, aber das macht mir nichts. Das Gepäck wird normalerweise einen Tag später nachgeliefert, Hauptsache ich bin zu Hause! Romy wird schon leicht nervös, bei dem Gedanken, dass wir den Flug vielleicht nicht schaffen werden. „Romy, es gehört zum Reisen dazu" sage ich ihr tröstend „und alles dauert solange es dauert." Einfache Worte, aber Air China stellt ihre Geduld schon ziemlich auf die Probe.

Eine Stunde später dürfen wir endlich einsteigen, das letzte Gepäck wird noch im Frachtraum verstaut, die

Türen werden verriegelt und Punkt zehn ist die Maschine endlich startbereit. Und dann... wieder nichts! Gute 20 Minuten später meldet sich der Kapitän. „We still have no timeslot", ist die kurze Mitteilung. Die Maschine steht immer noch am Boden und wir ersticken drinnen fast vor Hitze. Noch kein „timeslot" zu haben, bedeutet, dass die Motoren noch nicht gestartet werden dürfen und somit auch die Klimaanlage nicht geht. Und keine Frischluft, weil die Türen geschlossen bleiben müssen. Ein Timeslot ist ein Zeitfenster, während dessen die Maschine den Flughafen zum Starten, oder Landen, benutzen darf. Es ist von der Kapazität eines Flughafens abhängig, wie viele Slots vergeben werden. Außerdem sind diese Slots zum Beispiel von Art und Dauer der Passagierabfertigung und auch vom Wetter abhängig. Nach dieser Mitteilung weiß ich jetzt, dass wir den Flug nach München nicht schaffen werden, so viel ist sicher!

Langsam tickt die Uhr weiter, einige Passagiere werden langsam unruhig und laut, aber Gottseidank bekommen wir zumindest etwas zum Trinken. Die Hitze in der Maschine ist echt unerträglich. Etwas später kommen die Flugbegleiter wieder in Bewegung. Dieses Mal mit den großen Trolleys. Es gibt Abendessen! Ich denke, dass die neue Slotzeit bekannt ist und wir erst in einer Stunde oder so abheben dürfen. Um die Passagiere ruhig zu halten, wird in der Zwischenzeit das Essen am Boden serviert. An sich sind die Verspätungen und das Verpassen von Anschlussflügen nichts Neues. Wenn du viel fliegst, trifft es dich irgendwann einmal. So bin ich 1992 in Caracas, Venezuela, stehen geblieben. KLM hat ein fantastisches 5-Sterne Hotel für uns reserviert und am nächsten Tag fand genau der Kinderfaschingsumzug vor der Haustüre statt. Das war wirklich das schönste Erlebnis der gesamten Reise! Seither sehe ich es immer positiv. Einen extra Tag Urlaub, von der Airline bezahlt, wie erfreulich ist das? Ein anderes Mal habe ich auf Bonaire eine nicht geplante Zwischenlandung machen müssen. Ein defektes Flugzeug hat uns einen Tag am Boden gehalten und ich habe komplett gratis einen extra Strandtag mit Pina Coladas und schöne Tauchgänge genießen können. Ist doch gigantisch, oder? Das letzte Mal war 2005. Der Flug von Orlando nach Atlanta hat Verspätung gehabt. Aber dort hat Lufthansa uns auf den nächsten Flug via Stuttgart umgebucht und wir sind exakt 2 Stunden später als geplant doch in München gestanden. Ohne Gepäck natürlich, das schon.

Es ist inzwischen halb zwölf als die Maschine endlich abhebt. Romy ist ziemlich müde und schläft die drei Stunden nach Peking. Ich schaffe es nur eine Stunde, weil ein Mann vor mir unglaublich laut schnarcht! Hilfe, du wirst damit verheiratet sein... Als wir endlich in Peking ankommen, ist der gesamte Flughafen leer und dunkel. Wir haben die Information bekommen, dass die Slotzeit auf Grund des vielen Verkehrs in Peking erst so spät erteilt worden ist. Aber wir stehen hier auf einem verlassenen Flughafen, das kann nicht der wirkliche Grund gewesen sein! Meistens erfährst du eh nicht, was wirklich los war. Manchmal möchte ich es auch gar nicht wissen. Wir melden uns beim Transferschalter. Hier warten natürlich mehrere gestrandete Passagiere. Air

China ist verpflichtet einen Ersatzflug für uns zu buchen. Die erste Möglichkeit nach München zu kommen ist 24 Stunden später! Das stimmt natürlich nicht wirklich, aber Air China möchte das Geld in eigener Tasche behalten. Wenn sie uns auf einen Flug von einer anderen Fluggesellschaft umbuchen, müssen sie dafür zahlen. Deswegen stehen wir auf der gleichen Nachtmaschine wie heute, jedoch 24 Stunden später.

Wir bekommen ein Tagesvisum in unsere Reisepässe und werden mühsam von einer nur chinesisch sprechenden Air China Dame durch die Kontrollen und das Gebäude begleitet. Das Gepäck bekommen wir nicht, das ist anscheinend zu umständlich. Bis wir endlich in einem Bus sitzen, der uns zu einem Hotel bringt, vergehen gute zwei Stunden. Deponiert werden wir jedoch in keinem traumhaften 5-Sterne Hotel und auch nicht an einem perlenweißen Sandstrand. Das geht auch nicht, weil Peking nicht am Meer liegt. Nein, Air China bringt uns zu einem grausamen, alten, muffigen und stinkenden Hotel, aber ich bin froh, dass ich um 5 Uhr morgens endlich schlafen kann! Und ich weiß, dass ich wieder in China bin. Das Bett ist wieder steinhart, trotzdem gute Nacht!

Gestrandete Passagiere bekommen um Punkt Eins Mittagessen und nicht zum Mittagessen erscheinen bedeutet hier Hunger leiden! Deswegen habe ich den Wecker gestellt und als ich nach 7 Stunden Schlaf die Vorhänge aufmache, sehe ich, dass wir in einem Industriegebiet „gestrandet" sind. Rundum das Hotel liegen einige Werkstätten, gigantische Fabriken und ein großes Maisfeld. Kein Faschingsumzug, kein Pina Colada, kein Riff zum Tauchen. Und das Essen ist grausig! Aber es geht noch schlimmer… An unserem Tisch sitzen nämlich zwei andere gestrandete russische Damen. Sie müssen nach Wladiwostok und die nächste Air China Maschine fliegt erst in 4 Tagen. Hilfe! Gottseidank gibt es einen kleinen Laden im Hotel, in dem Chips, Marsriegel und Muffins verkauft werden. Und die Olympischen Spielen laufen noch im Fernsehen. So schlage ich die Zeit auf unserem ungemütlichen Zimmer tot und ärgere mich ein wenig. Weil auch ich immer wieder den „Fehler" mache, günstigere Flüge über einen Billiganbieter zu buchen. Und spätestens jetzt, beim stundenlangen Warten, ohne vernünftiges Essen in einem muffigen Hotel auf dem steinharten Bett liegend, betrachte ich nicht müßig den Steinhaufen, sondern frage mich, wen ich damit bewerfen kann…

TRAVELKID „abenteuerlich einfach"

Fernreisen und Kinder passen wunderbar zusammen. Unter dem besonderen Motto *„abenteuerlich einfach"* stellt **TRAVELKID**, ein sehr dynamisches Internet-Unternehmen, Reisen in ferne und exotische Länder vor – maßgeschneidert für Familien mit Kindern.

TRAVELKID organisiert exklusiv für abenteuerliche Eltern mit neugierigen Kindern spannende individuelle Fernreisen mit einem eindrucksvollen und einzigartigen Programm nach dem „abenteuerlich einfach" Prinzip.

Das abenteuerliche Prinzip bezieht sich auf die großartigen Forscher. Die Natur und ihre „tierischen" Einwohner sind feste Bestandteile des Programms und kommen z.B. in Elefanten- und Kamel-Safaris, Besuche in örtlichen Tierpflegestationen, Kanufahrten zwischen Seekühen oder Delphin-Beobachtungen mit dem Boot vor. Ein anderer Bestandteil des Programms ist Bewegung, welche im Radfahren entlang Tempelanlagen, Bootsfahrten am Meer, Wanderungen durch Reisfelder oder Klettern auf Sanddünen umgesetzt wird. Und wenn die kleinen Beine nicht mehr wollen, werden typische lokale Transportmittel wie eine Pferdekutsche, ein Longtailboot oder eine Riksha eingesetzt. Das einzig-artige Programm bietet also täglich genügend Abwechslung zwischen Erholung und Spannung, exklusiv auf die Wünsche der Kinder abgestimmt.

Das zweite **TRAVELKID**-Prinzip „einfach" ist optimal für Eltern, die Destinationen auf eigene Faust entdecken möchten, aber die praktischen Vorteile einer organisierten Reise genießen wollen. **TRAVELKID** reserviert die elementaren Dinge wie Transport, kinderfreundliche Hotels und die wichtigsten Sehenswürdigkeiten im Voraus. Und kommt dabei ohne Hochglanzprospekte aus, im Internet ist alles Wissenswerte zu finden. Dabei wird jede Reise gemeinsam mit einem lokalen Reisebüro individuell zusammengestellt, kombiniert mit den Ergebnissen der persönlichen Reise-Erfahrungen. Nicht zuletzt profitiert der Kunde davon, weil Romy - die kleine Weltenbummlerin der Inhaberin - die Reisen schon selbst unternommen hat - das Feedback kommt also direkt von einem kleinen **TRAVELKID**.

Jetzt heißt es also abstimmen, wohin die Reise geht: nach Florida zu Krokodilen und Mickey Mouse, nach Bali zum Vulkan-Bestaunen und Delphin-Beobachten, nach Namibia für eine Safari und Dünenbesteigung oder nach Jordanien ins Beduinenzelt und zum Toten Meer?

China ist eine interessante und kinderfreundliche Destination und TRAVELKID liefert ein spannendes und abwechslungsreiches Programm, abgestimmt auf „junge und alte" Kinderwünsche. Auf Grund der großen Reisedistanzen ist China kein billiges Land. Es ist immer wieder notwendig manche Strecken mit dem Flugzeug zurück zu legen. Außerdem kennt China fast keine Vierbett- oder Familienzimmer. Deswegen bekommst du, wenn du mit 4 Personen reist, immer 2 Zimmer. Alles Umstände, die eine China Reise nicht günstig machen. Dafür ist das Land traumhaft schön, noch sehr authentisch und beherbergt einen Schatz an Natur und Kultur, den es zu entdecken gibt.

Wenn du mit deiner Familie auch gerne eine China Reise unternehmen willst, dann schicke einfach ein E-Mail an info@travelkid.at für ein unverbindliches Angebot.

TRAVELKID Reisetipps

Gut vorbereitete Reisen bleiben meist unvergesslich. Mit den praktischen Reisetipps und den vielen nützlichen Reiseinformationen von TRAVELKID bist du für deine China Rundreise mit den Kindern perfekt vorbereitet.

Von der besten Reisezeit über die Reisedokumente bis hin zur Zeitverschiebung: Hier findest du die besten Reisetipps für eine sichere und erholsame Rundreise mit Kindern aller Altersstufen.

T = Transport

In China wirst du verschiedene Transportmittel benützen. Auf Grund der großen Entfernungen wirst du mehrmals eine Strecke mit dem Flugzeug zurücklegen. Die meisten Flughäfen sind neu und ziemlich modern ausgestattet.

Bahnreisen in China gehören zur billigsten, aber auch lustigsten Reiseweise. Es gibt verschiedene Klassen in den chinesischen Zügen. Die wichtigsten stellen wir kurz vor:

Schlafwagen Hardsleeper: In diesem Schlafwagen gibt es sechs schmale Betten in einem Abteil ohne Tür. Im Gang sind Klappsitze vorhanden, auf denen Bahnreisende ohne Sitz- und Schlafplatz sitzen. Sie versuchen einen Teil deines Bettes zu ergattern, was dir wiederum die Möglichkeit gibt, in Kontakt mit den Einheimischen zu kommen.

Schlafwagen Softsleeper: Es gibt vier Betten in einem Abteil mit abschließbarer Türe. Der Name täuscht ein wenig, weil die Betten sicherlich nicht weich sind. Die Chinesen mögen es gerne hart! Wenn du mit 4 Personen reist, empfehlen wir den Softsleeper zu buchen.

Toiletten, sowie eine Warmwasser-Tankstation gibt es an jedem Ende des Wagens. Eine Decke und ein kleines Kissen werden für jedes Bett geliefert. Nahrungsmittelverkäufer durchqueren den Zug. Außer chinesischem Essen kannst du auch etwas zu trinken oder Knabberzeug kaufen.

Um Ausflüge zu machen und die Umgebung kennen zu lernen, ist das Rad eigentlich das ideale Transportmittel. Die übrigen Strecken wirst du mit einem Auto oder Minivan zurücklegen. Kindersitze für das Auto gibt es in China nicht. In jedem Ort steht dir ein deutsch- oder englischsprechender Reiseleiter zur Verfügung.

R = Reisedokumente

Reisepass
Der Reisepass muss bei der Einreise noch mindestens 6 Monate gültig sein. Im Reisepass muss noch mindestens eine freie Seite im Bereich „Sichtvermerk" sein.

Visum
Österreichische, Deutsche und Schweizer Staatsbürger benötigen für die Einreise ein Visum. Das Visum muss 5

Wochen vor Reisebeginn bei der chinesischen Botschaft beantragt werden. Die chinesische Botschaft bearbeitet nur Visaanträge, die persönlich oder durch einen Bevollmächtigten abgegeben werden.

Für österreichische Staatsburger mit Wohnsitz in Österreich kann TRAVELKID die Visa-Beschaffung gegen Gebühr übernehmen. Für deutsche Staatsbürger kann der Visumservice (www.visumservice.de) dies übernehmen, Schweizer Staatsbürger können die Visumformalitäten via AVS erledigen (www.allvisumservice.ch).

Für Hongkong benötigst du kein Visum.

Impfungen
Die komplette Versorgung für diese Reise besteht aus: Diphtherie, Tetanus, Polio, Hepatitis A und B und eventuell Typhus.

Für China benötigst du keine Malariaprofylaxe.

Gesundheit
Wer auf Hygiene und Hautpflege achtet, wird abgesehen von eventuellen harmlosen Darmproblemen in der Regel keine gesundheitlichen Schwierigkeiten bekommen.

Sonnenbrand ist ein häufiger Grund für Gesundheitsprobleme. Teilweise wird es ziemlich heiß. Sonnenbrand und Hitzeschlag bekommt man schneller als man denkt. Du solltest daher, beim Wandern in der Sonne immer einen Hut und eine gute Sonnenbrille tragen. Verzichte beim Sonnenbaden nicht auf eine gute Sonnencreme. Sorge dafür, dass du immer eine Flasche Wasser dabei hast.

Leitungswasser eignet sich nicht als Trinkwasser. Du solltest stattdessen Mineralwasser trinken, das überall erhältlich ist. Besonders in kleinen Lokalitäten ist es nicht ratsam ungeschälte Früchte und Salate zu bestellen. In den Städten solltest du dich möglichst in gutbesuchten Lokalen aufhalten. Die Umlaufgeschwindigkeit, mit der das Essen zubereitet und gegessen wird, ist dann hoch und die Chance auf Diarrhö gering.

A = Alter der Teilnehmer

Wir empfehlen China erst mit Schulkindern zu besuchen. Obwohl bei TRAVELKID, auf Grund der Reisedistanzen, für manche Strecken das Flugzeug gebucht wird, sind diese Reisetage auch anstrengend.

V = Valuta

Die Währungseinheit von China ist der Yuan (CHY) 1 Euro = 8,16 Yuan und 1 Yuan = 0,12 Euro. In Hongkong bezahlst du mit einem Hongkong Dollar (HKD) 1 Euro = 10,16 Dollar und 1 Dollar ist 0,09 Euro. Stand April 2013.

Du kannst Euros bar bei jeder Bank in chinesische Yuan eintauschen. In allen größeren Städten des Landes kann man mit der EC-Karte oder Kreditkarte mit Code-Nummer an den Bankautomaten Geld abheben. Mit Kreditkarte kann man auch in vielen Läden direkt bezahlen. Bitte beachte, dass du die Karte nur bei einem Automaten mit einem Maestro- oder Cirrus-Logo benutzen kannst. Diese Informationen gelten auch für Hongkong.

Trinkgeld wird inzwischen bei Fahrern und Reiseleitern sehr geschätzt.

E = Elektrizität

Die Netzspannung in China beträgt 220 Volt/50 Hz. Je nach Region sind Adapter für zweifache bzw. dreifache Flachstecker erforderlich. Es gibt verschiedene Steckdosen, meist europäischer oder amerikanischer Art, weshalb wir empfehlen, einen internationalen Adapter mitzunehmen. Natürlich kannst du auch einen in China kaufen.

Eine gute Taschenlampe ist auf jeden Fall von Vorteil, besonders wenn du in Longshen nachts essen gehst. Hier gibt es keine Straßenlampen und du stehst buchstäblich im Dunkeln.

L = Logis

Ob Fünf-Sterne-Hotel oder Schlafsaal - in China findest du wirklich alles. Wir haben uns bemüht, die kinderfreundlichsten, jedoch landestypischen Unterkünfte herauszufiltern. Während einer TRAVELKID China Rundreise übernachtest du mit den Kindern in sauberen und zentral gelegenen 4-Sterne Hotels oder Boutique-Hotels. Diese sogenannten 'courtyard hotels' sind Hotels im chinesischen Stil mit einem Innenhof mit Pflanzen, Lampions und meist einem Vogelkäfig und strahlen eine angenehme freundliche Atmosphäre aus. Die Hotelqualität kann von Ort zu Ort variieren. In kleinen Städten sind die Einrichtungen beispielsweise etwas einfacher gehalten als in den übrigen Orten.

In den Hotels sind Doppelzimmer mit eigener Dusche und WC für dich reserviert. Für eine Familie mit drei Personen wird ein Zusatzbett dazu gestellt. Wenn du mit zwei oder drei Kindern unterwegs bist, müssen wir für die Kinder ein eigenes Zimmer reservieren. Normalerweise steht in jedem Hotelzimmer ein Wasserkocher mit Kaffee- und Teebeuteln, sodass man immer eine Tasse Tee, Kaffee oder Kakao trinken kann.

In Longshen übernachtest du in einem einfacheren Guesthouse inmitten der Reisterrassen und in Hongkong in einem modernen City-Hotel auf Hongkong Island. Die U-Bahn Station ist gleich gegenüber.

Wir haben für unsere Zugreisen sogenannte Softsleeper-Abteile gebucht. Darunter versteht man ein geschlossenes Abteil mit vier Betten. Für jedes Abteil sind Laken, Decken und Kissen vorhanden. Nimm bitte einen eigenen Trinkbecher mit.

Hier haben wir übernachtet:

Peking	Bamboo Garden Hotel
Xilamuren	Mongolische Jurte

Datong	Beichen Garten Hotel
Xi'an	Days Inn
Chengdu	Buddhazen Hotel
Lijiang	Sanhé Courtyard
Dali	Fairyland Hotel
Kunming	Golden Dragon Hotel
Guilin	Osmanthus Hotel
Yangshuo	Ai Yuan Hotel
Ping'an	Leader Guest House
Hong Kong	Harbour Plaza North Point

K = Klima & beste Reisezeit

Als drittgrößtes Land der Welt weist China unterschiedliche klimatische Zonen auf. Obwohl Chinas Klimazonen von sibirischer Kälte bis zu tropischer Hitze reichen, liegt der größte Teil des Landes in gemäßigten Zonen. Während es in Südost- und Zentralchina das ganze Jahr hindurch warm und feucht ist, herrscht in Nord- und Nordostchina eher ein relativ trockenes Klima. Da sich China über 35 Breitengrade erstreckt, kann das Klima natürlich variieren. Viele Gebiete von China sind im Sommer heiß und regnerisch, aber die Winter sind eher trocken.

Bitte bedenke, dass du, auf Grund der Größe des Landes, mit sehr unterschiedlichen Wetterverhältnissen rechnen musst.

I = Internationaler Zeitunterschied

Der Zeitunterschied zwischen Österreich und China beträgt im Sommer plus 6 Stunden. Die Uhrzeit in Hong Kong enthält eine Zeitverschiebung von 8 Stunden. Eine Zeitumstellung zur Sommerzeit wird in Hong Kong nicht vorgenommen.

D = Dinner und anderes Essen

Das Frühstück ist, außer bei den Zugfahrten, im Preis inkludiert. Obwohl die Chinesen wunderbare Mittags-, Abendessen und Snacks zubereiten, sind viele Touristen von den chinesischen Frühstücksgewohnheiten nicht gerade begeistert wie z.B. Reis, Fleisch, gebackene Erdnüsse und saures Gemüse. In einigen Hotels in den Großstädten, in denen du übernachtest, wird jedoch zusätzlich ein westliches Frühstück serviert. Es steht dir natürlich frei, auch einmal bei einem Bäcker oder Restaurant um die Ecke ein Frühstück zu bestellen. Teuer sind die Mahlzeiten meistens nicht. Ein Frühstück kostet etwa 20 Yuan, Mittagessen Yuan 60 und für das Abendessen inklusive Getränke kannst du mit 100 Yuan rechnen.

Während den Ausflügen ist das Mittagessen meistens inkludiert. Der Reiseleiter gibt Tipps und Empfehlungen zu den Mahlzeiten. An allen anderen Tagen hast du die

Freiheit, neue Restaurants auf eigene Faust zu entdecken. Eine sehr beliebte Mahlzeit für westliche Touristen ist die Nudelsuppe, eine reichhaltige, mit verschiedenem Gemüse und / oder Fleisch sowie Nudeln gefüllte Suppe. Abends kannst du zwischen einem sehr breiten Angebot an unterschiedlichen Gerichten, die auf den Tisch kommen, und die die ganze Tafel gemeinsam mit Stäbchen isst, wählen. Eine andere Art des gemütlichen Essens ist ein chinesisches Fondue („Hotpot"), wobei man selbst Gemüse, Fleisch und Fisch in einem Topf mit kochendem Wasser zubereitet.

In den Restaurants werden Stäbchen bereit liegen. Den Gebrauch der Stäbchen lernst du viel schneller als du denkst. Es braucht nur am Anfang etwas Geduld – wenn du möchtest, wird aber auch Messer und Gabel gereicht.

TRAVELKID-TIPP: Wenn du für die Kinder etwas Leckeres auf der Speisekarte gefunden hast, lasse den Name des Gerichts auf Chinesisch auf einen Zettel schreiben. Du kannst ihn in einem nächsten Restaurant einfach vorzeigen.

Tee ist das Nationalgetränk und du bekommst ihn an fast allen Orten automatisch serviert. Mineralwasser, Erfrischungsgetränke und Bier sind auch fast überall erhältlich. Leitungswasser kann zum Zähneputzen benützt werden, ist aber nicht trinkbar! In den Hotelzimmern, und auch in den Zügen, stehen in der Regel Thermoskannen mit abgekochtem, heißem Wasser bereit, womit du Tee oder Kaffee zubereiten kannst.

Wichtige Adressen

Chinesische Botschaft in Österreich
Neulinggasse 29/1/11
1030 Wien
Tel. +43 - 1 - 710 - 3648

Chinesische Botschaft in Deutschland
Märkisches Ufer 54
10179 Berlin, Deutschland
Tel. +49 - 30 - 27588

Chinesische Botschaft in der Schweiz
Lombachweg 23
3006 Bern, Schweiz
Tel. +41 - 31 - 351 4593

Österreichische Botschaft in China
Jianguomenwai 5, Xiushui Nanjie
100600 Peking
(chinesisch: 奥地利使馆，建国门外秀水南街5号)
Tel: + 86 - 10 - 6532 9869

Deutsche Botschaft in China
Dong Zhi Men Wai Da Jie 17
100600 Beijing
Tel: +86 - 10 - 8532 9000

Schweizeriche Botschaft in China
Sanlitun Dongwujie 3
100600 Beijing
Tel. +86 – 10 – 8532 8888

Fremdenverkehrsamt Volksrepublik China
Ilkenhansstraße 6
60433 Frankfurt am Main, Deutschland
Tel: +49 – 69 – 520 135

TRAVELKID Fernreisen GmbH & Co KG

Das komplette Reisebüro für deine China Reise – von der Zusammenstellung der individuellen Rundreise über Unterkunftsreservierung bis hin zu Flugbuchungen, Bestellung der Reiseberichte oder Reise Knowhow Reiseführer und last-but-not-least das Abschließen einer guten Storno- und Reiseversicherung von der Europäischen

Seeuferstraße 6b | 5700 Zell am See | Österreich
www.travelkid.at | info@travelkid.at

Tel. +43 – 676 – 710 1330

Meine anderen Bücher

18 Fotos
übersichtliche Sri Lanka Karte
116 Seiten
Ausführliche Informationen
Detaillierte Reiseroute
ISBN 9-783-7431-6553-3
Preis: € 11,80
1. Auflage 2016
Neuauflage Januar 2017

Löwentatzen
Mit meiner Tochter auf Abenteuerreise durch Sri Lanka

Die gigantischen Löwentatzen hoch oben auf dem Löwenfelsen in Sigiriya lassen den Umfang des früheren Königspalasts ein wenig erraten. Genauso immens sind die alten Königsstädte Polonnaruwa, Anaradhapura und Kandy. Im **TRAVELKID** Reisebericht **Löwentatzen** – *mit meiner Tochter auf Abenteuerreise durch Sri Lanka* - entdeckt die Autorin Patrice Kragten gemeinsam mit ihrer 13-jährigen Tochter diese und andere Weltkulturen der UNESCO, an denen Sri Lanka reich ist. Ganz spannend sind die Safaris in den Nationalparks Yala oder Minneriya, abenteuerlich ist die Zugfahrt von Kandy nach Nuwara Eliya und sportlich die Radtour in Pollonaruwa. Begleitet werden Kragten und Tochter von ihrem privaten Chauffeur Keerthi, durchaus üblich für eine Sri Lanka Reise. Entdecke wie leicht „die Perle im indischen Ozean" mit Kindern machbar ist, staune über die enorme Anzahl der Teeplantagen im Landeinneren und genieße die perlenweißen Strände der Küste.

„Damit die Menschen nach dem Bürgerkrieg ihr Land wieder aufbauen können, ist mir der Fair Trade Gedanke sehr wichtig. Ich verhelfe lieber einem Chauffeur zu einem guten Job, als Geld in eine internationale Mietwagen-Firma zu stecken."

20 Fotos
übersichtliche Costa Rica Karte
248 Seiten
Ausführliche Informationen
Detaillierte Reiseroute
ISBN 978-3-8448-0164-4
Preis: € 16,00
1. Auflage 2011, 2. Auflage 2016
Neuauflage Januar 2017

Dschungelfieber

mit meiner Tochter auf Abenteuerreise durch Costa Rica

Rauchende Vulkane, freundliche Ticos, saftig grüne Regenwälder, farbenfrohe Dschungeltiere, coole Cowboys und prächtige Strände. Das sind die würzigen Zutaten einer abwechslungsreichen Costa Rica Reise. In diesem neuen TRAVELKID Reisebericht **Dschungelfieber –** *mit meiner Tochter auf Abenteuerreise durch Costa Rica –* erzählt die Autorin Patrice Kragten von ihren Erlebnissen während der Abenteuerreise durch „die reiche Küste", die sie gemeinsam mit ihrer 7-jährigen Tochter Romy im Sommer 2010 unternommen hat. Im Sommer 2016 haben die Zwei Costa Rica nochmals besucht und dabei den Süden erkundet.

Kragten: „Mit einem 4x4 Auto legten wir gemütlich 1.500 Kilometer zurück. Wir besuchten den damals weltweit aktivsten Vulkan El Arenal, erkundeten verschiedenste

Regenwälder zu Fuß, mit dem Boot oder auf dem Rücken eines Vierbeiners. Dabei haben wir die typischen Dschungeltiere wie Giftpfeilfrösche und Faultiere kennen gelernt. Und einige unvorhersehbare Abenteuer kreuzten unseren Weg..."

„Aber wir haben uns vor allem den Traum-Spruch der Ticos, der gleichzeitig auch das Lebensmotto dieses freundlichen Völkchens ist, angeeignet. Also „Pura Vida", genieße das Leben!"

24 Fotos
übersichtliche Indonesien Karte
168 Seiten
Ausführliche Informationen
Detaillierte Reiseroute
ISBN 978-3-7431-6533-5
Preis: € 14,00
1. Auflage 2009 | 2. Auflage 2016
Neuauflage Januar 2017

Reisfelder

mit meiner Tochter auf Abenteuerreise durch Indonesien

In diesem neuen TRAVELKID Reisebericht **Reisfelder** – *mit meiner Tochter auf Abenteuerreise durch Indonesien* - berichtet Patrice Kragten von ihren Erfahrungen während einer 5-wöchigen Rundreise durch Java und Bali, die sie gemeinsam mit ihrer 6-jährigen Tochter Romy im Oktober 2008 unternommen hat. Ob der Bericht jetzt von buddhistischer Baukunst des Borobodurs, der Freilassung der Meeresschildkröte Chili oder von den Wanderungen durch Reisfelder handelt - die Holländerin hat überall nützliche Informationen für das Unternehmen einer Fernreise mit Kindern eingebunden.

Während einer zweiten Reise werden spannende Aktivitäten und neue Hotels für TRAVELKID Fernreisen auf Kindertauglichkeit getestet.

Kragten: „Mit einem Auto, sowie einem hilfsbereiten Chauffeur und einem engagierten Reiseleiter, legte ich über 1.800 Kilometer zurück. Ich besuchte mit meiner Tochter den weltberühmten Borobodur, wanderten durch und radelten entlang saftig grüner Reisfelder, standen im Krater eines schlafenden Vulkans, haben den Glauben der Indonesier kennen gelernt und schwammen im azurblauen Bali See."

Der Reisebericht, verständlich und einfach geschrieben, soll einerseits Informationen bieten für diejenigen, die demnächst mit Kindern eine Bali Reise unternehmen möchten. Anderseits sollten die Erfahrungen dazu dienen, dass Familien sich trauen, eine Fernreise mit den Kindern, in diesem Fall nach Indonesien, zu unternehmen.

Ich frage Romy ganz vorsichtig, ob sie vielleicht Angst vor der Schlange hat, worauf sie antwortet: „Ich? Nein, ich habe eh Bergschuhe an!"

18 Farbbilder
übersichtliche Malaysia Karte
160 Seiten
Ausführliche Informationen
Detaillierte Reiseroute
ISBN 978-3-7431-6523-2
Preis: € 14,00
1. Auflage 2015
Neuauflage Januar 2017

Affentheater
mit meiner Tochter auf Abenteuerreise durch Malaysia

Im Gegensatz zum nördlichen Nachbarn Thailand, ist Malaysia noch so etwas wie eine Unbekannte. In diesem TRAVELKID Reisebericht Affentheater – *mit meiner Tochter auf Abenteuerreise durch Malaysia* - entdeckt die Autorin gemeinsam mit ihrer 11-jährigen Tochter die unterschiedlichsten Facetten von Malaysia und wird dabei feststellen, dass sie die Wunder Malaysias nicht allein mit bloßem Auge erfassen kann. Auf dem Festland beobachtet sie Flora und Fauna im Nationalpark Taman Negara, findet in Kuala Lumpur ein reiches kulturelles Erbe und ist über eine große Auswahl an köstlichen Gerichten beeindruckt.

Im Vergleich zu West-Malaysia findet Kragten auf Borneo nochmals eine andere Welt. Borneo ist mehr eine Naturreise mit exotischen Tieren und Pflanzen, mit kilometerlangen Flussläufen, welche sich durch den dichten Dschungel schlängeln, mit versteckt liegenden Ansiedlungen mitten im Regenwald, welche sich oft nur mit Booten erreichen lassen und weißen Pulverstränden auf wahrhaft paradiesischen Inseln. Malaysia macht definitiv Lust auf mehr

„Wir stehen bei einem Busch und laut Sapri sitzt die Schlange genau vor uns. Romy hat eigentlich ein ganz gutes Gespür für Wildtiere und sieht sie meistens schneller wie ich. Jetzt stößt auch sie an ihre Grenzen."

24 Farbbilder
übersichtliche Namibia Karte
204 Seiten
Ausführliche Informationen
Detaillierte Reiseroute
ISBN 978-3-7431-5442-1
Preis: € 14,00
1. Auflage 2009 | 2. Auflage 2015
Neuauflage Januar 2017

Elefantenspuren
mit meiner Tochter auf Abenteuerreise durch Namibia

In dem ersten TRAVELKID Reisebericht **Elefantenspuren** – *mit meiner Tochter auf Abenteuerreise durch Namibia* - berichtet Patrice Kragten über ihre Erfahrungen während den Rundreisen durch Namibia, die sie gemeinsam mit ihrer Tochter Romy im April 2009 und Juli 2012 unternommen hat. Ob der Bericht jetzt von roten Sanddünen der Sossus Vlei, den Himba-Frauen aus Opuwo oder den Wildtieren Etoshas handelt - die Holländerin hat überall nützliche Informationen für das Unternehmen einer Fernreise mit Kindern eingebunden.

Kragten: „Mit einem 4x4 Fahrzeug, ausgestattet mit einem Dachzelt in dem wir meistens übernachtet haben, legten wir während beiden Reisen 3.760 Kilometer zurück. Wir haben die roten Sanddünen bestiegen, wo unsere Fußabdrücke so groß wie Elefantenspuren geworden sind. Wir besuchten das Himba Volk, die zwar Elefanten kennen, aber keine Ahnung haben, was ein Hai ist. Und natürlich folgten wir im Etosha Nationalpark den Spuren der Elefanten."

"Romy schenkt einem Himba-Kind einen Hai aus Plastik. Die Mutter des Kindes weiß was ein Elefant ist, hat aber keine Ahnung, was der Hai für ein Tier ist und wo er lebt."

Dankwort

"Nicht weil die Dinge schwierig sind, wagen wir sie nicht, sondern weil wir sie nicht wagen, sind sie schwierig"

- Chinesische Weisheit -

Lieve Romy, ik heb grote bewondering voor de manier waarop je iedere keer weer met enorm veel interesse en belangstelling nieuwe bestemmingen wilt leren kennen. China was, zeker in het begin, geen makkelijk land, maar je deed het geweldig. Ik hou van je.

Ein großes Dankeschön geht an alle Führer, sowie an meine Agentur in China. Jeder hat auf seine Art und Weise einen wichtigen Beitrag zum wirklich guten Gelingen unserer fantastischen China Reise geleistet.

Damit meine Bücher auch „Deutsch" werden, möchte ich Sonja wieder recht herzlich bedanken.

Und dieses Mal kein Dankeschön an Cinderella. Sie hat Platz machen müssen für den legendären Country & Western Sänger Garth Brooks. Ich danke ihm für seinen inspirierenden Song: *„Do what you gotta do"*.